国家自然科学基金（41372289）资助
山东科技大学科研创新团队支持计划资助
山东科技大学著作出版基金资助

膨胀性黄土隧道安全施工技术

王清标　李方东　路　刚
胡忠经　许　垒　王天天　　著

中国建材工业出版社

图书在版编目（CIP）数据

膨胀性黄土隧道安全施工技术/王清标等著. —北京：中国建材工业出版社，2015.11
ISBN 978-7-5160-1294-9

Ⅰ.①膨… Ⅱ.①王… Ⅲ.①膨胀性-土质隧道-隧道施工-安全技术 Ⅳ.①U459.9

中国版本图书馆 CIP 数据核字（2015）第 237203 号

内 容 简 介

本书共十章，采用理论分析、室内试验、现场试验、监控量测、数值模拟等研究方法与手段，对膨胀性黄土隧道安全施工技术进行了全面分析研究。第一章分析了膨胀性黄土的基本特征及其隧道建设的建设概况和研究现状；第二至三章分析了膨胀性黄土隧道围岩工程特征、变形特性及其影响因素；第四章分析了膨胀性黄土隧道围岩地质灾害及其防治技术；第五章分析了膨胀性黄土隧道安全施工管理技术；第六至十章以小河沟隧道为工程案例分析了膨胀性黄土隧道安全施工技术。

本书结构体系完整，逻辑合理，论述清晰，内容丰富，创新性强，实用价值大，可为从事膨胀性黄土隧道规划、勘察、设计、施工、监测和安全运行管理的专家、学者和工程技术人员提供参考。

膨胀性黄土隧道安全施工技术

王清标 李方东 路 刚 胡忠经 许 垒 王天天 著

出版发行：中国建材工业出版社
地　　址：北京市海淀区三里河路 1 号
邮　　编：100044
经　　销：全国各地新华书店
印　　刷：北京雁林吉兆印刷有限公司
开　　本：787mm×1092mm　1/16
印　　张：10
字　　数：349 千字
版　　次：2015 年 11 月第 1 版
印　　次：2015 年 11 月第 1 次
定　　价：**128.00 元**

本社网址：www.jccbs.com.cn　　公众微信号：zgjcgycbs
本书如出现印装质量问题，由我社网络直销部负责调换。联系电话：(010) 88386906

前　言

我国黄土区域不但分布广泛，青海、宁夏、甘肃、山西、陕西、河南、山东等省均有分布，而且黄土覆盖面积大，总面积高达 64 万多平方公里，并且大部分为膨胀性黄土。随着我国经济社会发展特别是西部大开发战略全面发展，越来越多的工程在黄土区域建设，膨胀性黄土隧道建设已经不可避免，但是，由于膨胀性黄土隧道施工经验少，加之其物理力学性质的特殊性，其理论研究和施工研究尚处于初步发展阶段，因此，极有必要开展膨胀性黄土隧道施工技术研究。

本书第一章详细分析了膨胀性黄土的基本特性、膨胀性黄土隧道发展概况以及国内外研究现状；第二章详细分析了黄土隧道围岩的变形特征及影响围岩变形的主要因素；第三章主要分析研究了膨胀性黄土的工程特性、膨胀性黄土隧道围岩的力学特性；第四章主要分析了膨胀性黄土隧道各种围岩地质灾害及其发生原因与控制技术；第五章分析了膨胀性黄土隧道的施工管理措施；第六至十章以小河沟隧道工程为案例，分析了膨胀性黄土隧道施工方案设计、施工工艺、地基处理、防排水等施工技术。

本著作依托中铁十四局承建的太原至兴县铁路，借鉴有关学者、工程技术人员的研究成果，提炼、凝结而成。在写作过程中，王其升高工、盛春革高工、胡世权教授级高工、王永余高工等给予了大量的帮助，在此表示深深的谢意！同时，对于在写作过程中参考到的文献作者和单位表示衷心的感谢！

由于学识水平有限，工程实践经验不够丰富，书中难免出现疏漏、不妥甚至错误之处，敬请批评指正，以利学习和改进，不胜感激！

作者
2015 年 9 月

目 录

1 膨胀性黄土隧道概况 ……………………………………………………… (1)
  1.1 膨胀性黄土的基本特征 ………………………………………………… (1)
    1.1.1 膨胀性黄土的成分特征 …………………………………………… (1)
    1.1.2 膨胀性黄土的结构特征 …………………………………………… (1)
    1.1.3 膨胀性黄土的地层特征 …………………………………………… (4)
    1.1.4 膨胀性黄土的节理特征 …………………………………………… (5)
  1.2 膨胀性黄土隧道发展概况 ……………………………………………… (5)
    1.2.1 我国膨胀性黄土隧道建设概况 …………………………………… (6)
    1.2.2 我国膨胀性黄土隧道发展趋势 …………………………………… (7)
  1.3 膨胀性黄土隧道的研究现状 …………………………………………… (8)
    1.3.1 国内外黄土隧道支护理论发展 …………………………………… (8)
    1.3.2 国内外黄土隧道支护技术发展 …………………………………… (9)
    1.3.3 国内外黄土隧道支护材料发展 …………………………………… (10)
  1.4 膨胀性黄土隧道施工中遇到的问题 …………………………………… (10)
  1.5 膨胀性黄土隧道施工研究的内容和意义 ……………………………… (12)
    1.5.1 膨胀性黄土隧道施工研究内容 …………………………………… (12)
    1.5.2 膨胀性黄土隧道施工研究意义 …………………………………… (12)
  参考文献 ……………………………………………………………………… (13)

2 膨胀性黄土隧道围岩变形特性 …………………………………………… (15)
  2.1 膨胀性黄土隧道围岩基本力学特性 …………………………………… (15)
  2.2 膨胀性黄土隧道围岩变形特征 ………………………………………… (16)
    2.2.1 隧道围岩变形特征 ………………………………………………… (16)
    2.2.2 隧道围岩变形分类 ………………………………………………… (18)
    2.2.3 隧道围岩应力重分布 ……………………………………………… (19)
  2.3 膨胀性黄土隧道围岩变形影响因素 …………………………………… (21)
    2.3.1 地应力环境 ………………………………………………………… (21)
    2.3.2 隧道埋深 …………………………………………………………… (22)
    2.3.3 隧道断面形式、尺寸 ……………………………………………… (23)
    2.3.4 地下水 ……………………………………………………………… (23)
    2.3.5 围岩类别 …………………………………………………………… (24)

| 2.3.6   岩土结构类型 ……………………………………………………… (24)
| 2.3.7   地应力 …………………………………………………………… (25)
| 2.3.8   开挖方法 ………………………………………………………… (25)
| 2.3.9   支护方法 ………………………………………………………… (26)
| 2.3.10   施工组织管理 …………………………………………………… (27)
| 参考文献 …………………………………………………………………………… (27)

3 膨胀性黄土隧道围岩工程特征 ……………………………………………………… (29)
  3.1 膨胀性黄土隧道工程特性 …………………………………………………… (29)
    3.1.1 膨胀性黄土的胀缩性 …………………………………………………… (29)
    3.1.2 膨胀性黄土的多裂隙性 ………………………………………………… (34)
    3.1.3 膨胀性黄土的超固结性 ………………………………………………… (36)
    3.1.4 膨胀性黄土的变形特性 ………………………………………………… (37)
    3.1.5 膨胀性黄土的风化侵蚀特性 …………………………………………… (37)
    3.1.6 膨胀性黄土地形地貌特征 ……………………………………………… (39)
  3.2 膨胀性黄土主要物理力学参数 ……………………………………………… (39)
  3.3 膨胀性黄土隧道围岩特征 …………………………………………………… (40)
    3.3.1 膨胀性黄土围岩物理力学特性 ………………………………………… (40)
    3.3.2 膨胀性黄土围岩强度特征 ……………………………………………… (42)
    3.3.3 膨胀性黄土变形特性 …………………………………………………… (48)
    3.3.4 构造特性 ………………………………………………………………… (50)
  参考文献 …………………………………………………………………………… (55)

4 膨胀性黄土隧道围岩地质灾害 ……………………………………………………… (57)
  4.1 围岩裂隙情况 ………………………………………………………………… (57)
    4.1.1 黄土裂隙的分类 ………………………………………………………… (57)
    4.1.2 黄土裂隙的基本特征 …………………………………………………… (57)
    4.1.3 黄土裂隙的发育规律 …………………………………………………… (58)
  4.2 隧道下沉现象 ………………………………………………………………… (59)
    4.2.1 引起隧道下沉的主要因素 ……………………………………………… (59)
    4.2.2 隧道下沉的现场监测 …………………………………………………… (61)
    4.2.3 隧道沉降控制技术 ……………………………………………………… (62)
  4.3 围岩的膨胀突出与坍塌现象 ………………………………………………… (63)
    4.3.1 坍塌原因 ………………………………………………………………… (63)
    4.3.2 预防措施 ………………………………………………………………… (64)
    4.3.3 应急处理措施 …………………………………………………………… (65)
  4.4 底鼓现象 ……………………………………………………………………… (65)
    4.4.1 底板隆起成因 …………………………………………………………… (65)

4.4.2 底鼓估算公式的组合方式	(66)
4.5 衬砌变形破坏及其主要计算方法	(66)
4.5.1 荷载结构法	(68)
4.5.2 地层结构法	(69)
4.5.3 基于有限元共同作用的荷载结构法	(70)
参考文献	(70)

5 膨胀性黄土隧道施工管理措施 (72)

5.1 标准化管理措施	(72)
5.2 质量管理措施	(72)
5.2.1 质量目标	(72)
5.2.2 创优规划	(73)
5.2.3 质量保证及管理体系	(73)
5.2.4 质量保证措施	(73)
5.2.5 对已建工程和设备的保护措施	(78)
5.3 安全管理措施	(79)
5.3.1 安全目标	(79)
5.3.2 安全保证及管理体系	(79)
5.3.3 安全保证措施	(80)
5.3.4 应急预案	(85)
5.4 工期控制措施	(88)
5.4.1 保证工期组织管理措施	(88)
5.4.2 工期计划管理保证措施	(89)
5.4.3 施工管理保证措施	(89)
5.4.4 设备管理保证措施	(90)
5.5 投资控制措施	(90)
5.5.1 投资控制目标	(90)
5.5.2 投资控制总体要求	(90)
5.5.3 投资控制要点	(90)
5.6 环境保护	(91)
5.6.1 环境保护及水土保持目标	(91)
5.6.2 环境保护及水土保持工作原则	(91)
5.6.3 施工环保的主要措施	(92)
5.7 水土保持措施	(93)
5.7.1 植被保护	(93)
5.7.2 水土保护	(93)
5.8 文物保护措施	(94)
5.9 文明施工措施	(94)

  5.9.1 文明施工目标 ·· (94)
  5.9.2 文明施工的保证措施 ·· (94)
 5.10 节约用地措施 ··· (95)
 5.11 冬季施工措施 ··· (95)
  5.11.1 关于冬季钢筋焊接 ·· (96)
  5.11.2 关于冬季混凝土的施工 ·· (96)
  5.11.3 关于冬季施工机械保养措施 ·· (97)
  5.11.4 冬季施工质量控制措施 ·· (97)
  5.11.5 冬季施工安全措施 ·· (98)
 5.12 雨季施工措施 ··· (99)
 参考文献 ·· (99)

6 小河沟隧道工程概况 ·· (101)

 6.1 工程简介 ·· (101)
  6.1.1 工程重难点 ·· (101)
  6.1.2 水文条件 ··· (101)
  6.1.3 气象条件 ··· (102)
  6.1.4 安全预测及重难点对策 ·· (102)
 6.2 施工设计简介 ··· (102)
  6.2.1 工程依据 ··· (102)
  6.2.2 工程地质 ··· (103)
  6.2.3 设计原则 ··· (104)
  6.2.4 隧道设计参数 ·· (104)
 6.3 施工技术简介 ··· (106)
  6.3.1 施工工艺选择 ·· (106)
  6.3.2 施工技术难点和特点 ·· (106)
 参考文献 ·· (107)

7 小河沟隧道施工方案设计 ·· (108)

 7.1 基本原则 ·· (108)
 7.2 总体施工方案 ··· (108)
 7.3 洞口施工方案 ··· (108)
 7.4 膨胀性黄土隧道施工方案及措施 ··· (110)
 7.5 开挖、出碴运输施工方案 ··· (113)
  7.5.1 开挖施工方案 ·· (113)
  7.5.2 出碴运输方案 ·· (113)
 7.6 初期支护方案 ··· (113)
 7.7 仰拱、排水及机械化配套施工方案 ··· (114)

参考文献 (115)

8 小河沟隧道施工工艺 (117)
8.1 测量方法 (117)
8.2 隧道开挖 (118)
8.3 超前预支护方法 (119)
8.4 仰拱施工方法 (124)
8.5 初期支护 (125)
8.6 二次衬砌 (126)
8.7 仰拱及填充 (130)
8.8 防排水施工 (132)
参考文献 (135)

9 小河沟隧道地基处理 (137)
9.1 隧道地基处理的原则 (137)
9.2 洞口斜切段地基处理 (137)
9.3 洞口明挖段地基处理 (138)
9.4 洞身暗挖段地基处理 (138)
9.5 桥隧相连段地基处理 (139)
9.6 防塌方技术措施 (140)
参考文献 (140)

10 小河沟防排水技术 (142)
10.1 防治水的必要性 (142)
10.2 防治水系统设计方案 (142)
10.3 防治水系统施工方法 (143)
10.3.1 透水盲管施工 (143)
10.3.2 防水层施工 (143)
10.3.3 结构防水施工 (145)
参考文献 (146)

1 膨胀性黄土隧道概况

1.1 膨胀性黄土的基本特征

膨胀性黄土常见于黄土地区，分布广泛，是工程中较为常见的高液限黏土；膨胀性黄土的裂隙性、强度衰减性、超固结性和风化性等特性明显，且和水作用容易发生吸水膨胀和失水收缩。在工程中有许多基础设施如公路、铁路都要穿越膨胀性黄土覆盖区域，所以，只有更好的了解和掌握好膨胀性黄土的物理特征和力学特性，才能保证各项工程在膨胀性黄土中顺利进行，降低甚至消除膨胀性黄土给工程带来的不良影响。

1.1.1 膨胀性黄土的成分特征

分析膨胀性黄土的物理特征主要从膨胀性黄土的成分着手，重点为对黄土颗粒特征分析，另外还包括矿物质的特征和化学性质分析。

研究物理特征的一个重要指标就是分析其颗粒特征，粉粒是膨胀性黄土的主要组成成分，另外还含有少量细沙和粘粒等；对于组成黄土的颗粒，要求粒径超过 0.075mm 的颗粒含量不能大于整体的 50%；对于膨胀性黄土，其成分还含有砂质粉土和粘性粉土。膨胀性黄土各成分的含量因地区不同会存在差异。

膨胀性黄土中所含矿物成分直接影响其特性，特别是力学特性。黄土中的矿物成分较为复杂，从物理特征上分为两类：一种是粗矿物，主要为棱角状矿物晶体；一类是细矿物，以伊利石和蒙脱石为主。石英、云母和长石是膨胀性黄土的主要成分，约占整个矿物成分的 80%；此外，在黄土矿物成分中，还存在着一些微量元素，如常见的铀、铬、铜、锌等元素。从目前的地质矿物勘测中，已经发现的黄土矿物成分多达 60 多种。

除了分析研究黄土的物理特征以外，还要分析其化学特征，最重要的是对化学成分的分析，SiO_2、Al_2O_3、CaO 及 Fe_2O_3 等是膨胀性黄土中常见的化学成分，除此之外还有碳酸盐和硫酸盐等易溶盐类。

1.1.2 膨胀性黄土的结构特征

分析黄土的结构同分析其他土质是一样的，除了分析骨架颗粒和集合体成分、形态，还要分析黄土的排列方式、孔隙特征、颗粒之间的连接特征。因此，一方面，从结构上，可以分析黄土外在的形态，另一方面，可以分析黄土形成的过程，这其中包括生物和化学作用。

对于黄土骨架颗粒的研究，首先分析其组成成分，其中在骨架中以石英和长石为主要成分，还包括其他的一些矿物如云母等。

黄土骨架是骨架颗粒的集合，而骨架颗粒还可以分为单粒、集成和絮状等三类结构形式；并且这三种形态在不同地区的分布情况也不一样，其中在我国西部黄土中单粒结构分布广，而东部则以集粒状分布较广。颗粒胶结物的成分对于黄土特性有着很大影响，而胶结物质则有碳酸钙和黏土组成。

颗粒之间的接触关系也影响黄土的性质，颗粒之间的接触关系分为架空、镶嵌和胶结三种接触方式；其中架空接触方式主要是颗粒进行点接触，形成一种架空膜；镶嵌接触则是面面接触，表面积较大；胶结接触主要是通过填充微粒或是盐溶类物质，主要靠胶结接触。整个黄土结构则是通过颗粒之间这三种接触关系，支撑着黄土结构，各种接触关系含量的多少直接影响着黄土强度。

黄土中，水的影响因素不能忽视，由于水的存在，和黄土中存在的伊利石、蒙脱石等易溶于水的矿物质发生吸水膨胀，导致黄土强度下降，结构变得复杂。

黄土中孔隙较为发育，孔隙率可达 40%～50%，孔隙率直接影响黄土的压缩性和湿陷性，这是黄土具有的独特特征；大孔隙孔壁主要是碳酸钙胶结形成，结构较为稳定。而黄土的湿陷性主要和黄土中存在的孔隙相关，由于孔隙的存在，形成了水和黄土中矿物质接触的通道，当水进入孔隙中和一些易溶水作用以后，形成湿陷；黄土中除了存在大孔隙外，小孔隙的发育也较多，小孔隙排列呈镶嵌排列，结构较为稳定。

1. 膨胀土的微结构[1]

膨胀土的微结构是在一定地质条件下，由土粒颗粒和孔隙形成的一种整体结构；对黄土细微结构的分析和研究是对膨胀性黄土进行分析和研究的前提，很多国内外的学者专家，对膨胀土的细微结构进行了许多有建树的贡献，通过对他们的研究成果分析，我们可以得到以下结论和认识：

（1）膨胀土的主要成分以蒙脱石和高岭石等极易见水膨胀的颗粒物组成；蒙脱石、高岭石等矿物结构各异，蒙脱石结构多呈弯曲状；而高岭石则是叠状颗粒，单个颗粒则比较平整。

（2）膨胀土的细微结构中，其中单元结构是曲片粘胶和曲片粘粉为主要特征，颗粒之间靠着曲片的层状排列结构接触，容易产生滑移。

（3）膨胀土的颗粒单元体之间，靠多种方式进行接触，主要分为三种形式：面和面接触、面和边接触以及面角边接触；且三种之间可以相互组合，通过胶结连接，可以形成各种组合结构。

（4）裂隙是直接影响膨胀土性质的重要结构，也是膨胀土微结构的重要组成部分，其中不同粒径的裂隙对土的性质影响也不同，其中 0.05～1.00μm 的粒径直接能够决定了膨胀土的工程性质。

（5）膨胀土遇水敏感，特别是当膨胀土受到水力作用，孔隙和裂隙自由水增加，导致结构内大量存着自由水，使土膨胀且失去稳定性；同时膨胀土也极容易失水，当失水后，结构发生收缩，裂隙增加，这些特征都说明了膨胀土在受水作用后会发生沿着定向方向发生胀裂。

（6）除了以上提到的膨胀土的有关性质，膨胀土的膨胀系数和颗粒之间的细微结构有关，特别是其密实程度和颗粒形状对其影响较大。

以上分析结果显示，膨胀性黄土的微结构是影响其性质的重要因素，同时对黄土的膨胀系数、裂隙性、超固结性和胀缩性有着较大的影响；其中对于胀缩性的影响最为强烈，胀缩性则直接体现了膨胀土的性质特点；胀缩性形成主要原因，胀缩性会引起裂隙的发育，裂隙的发育则会给水提供通道，水的进入会使胀缩性更加明显，而超固结性则是促进胀缩特征。

2. 膨胀土的胀缩性

膨胀土的一个重要性质就是胀缩性，是膨胀土极具有亲水性的原因，当膨胀土和水接触后，由于存在蒙脱石、高岭石等极易溶于水的矿物质，就会发生吸水膨胀，同时土的湿度也随着增大。而胀缩性是对膨胀性黄土工程威胁最为严重的特征，当膨胀土发生吸水膨胀后，地基就可能失稳发生隆起现象，从而对地基造成破坏；如果在这个过程中对膨胀土施加外力，这样可以限制吸水膨胀，从而产生一种内应力，被称为膨胀压力。膨胀土失水收缩，并伴随着裂隙的出现，则可能出现地基下沉和发生断裂现象。

显然，水侵蚀对膨胀土的影响是巨大的，在水作用下，膨胀土极易和水发生作用，并对膨胀土的内应力产生较大作用；膨胀土的胀缩性要产生作用，水介质和膨胀土都不能少，假如只有膨胀土存在，而没有水介质存在，这时候就不存在水的迁移，而膨胀土就不会产生膨胀和胀缩；同时，土膨胀的发生主要是膨胀土存在和水的共同作用，所以如果没有膨胀力，即使存在水量，也不会发生土体的膨胀。

水侵蚀对膨胀土影响还和膨胀土中两种吸水的矿物成分有关，它们就是蒙脱石和高岭石。这两种矿物质具有较强的吸水性，易发生吸水膨胀和失水收缩，膨胀土的胀缩性具有明显的反复性；其中矿物蒙脱石的含量对膨胀土的膨胀能力具有决定作用，所以矿物成分和结构特征是膨胀性土的基础；此外，粒子之间存在的电性作用对膨胀作用有积极的推动性，因此可以将膨胀土的胀缩机理分析归结为整个体系的物理—化学—力学作用。

膨胀土所具有的胀缩性除了和水、矿物成分有直接关系外，还与黄土结构连接类型和密实程度密切相关。胶结连接方式可以抑制膨胀土的膨胀作用，颗粒之间的胶结程度越高，抑制膨胀作用的程度越明显；膨胀土微结构的密实程度在受力作用下会产生扩容膨胀，并且扩容膨胀的大小随着力的大小变化各异，容易受到胶结连接方式的不同而发生改变。

3. 膨胀土的裂隙性

裂隙发育是岩土工程中常见的特征，对于任何工程地质都有着很大的威胁，膨胀土因为其独特的结构特点，裂隙较为发育，在膨胀性黄土土体中形成复杂的网络结构，对膨胀性黄土的强度、稳定性造成很大破坏；此外，裂隙主要对膨胀性黄土的影响体现在对土的土质的破坏，造成土质变软，失去稳定结构，并且对其他工程参数产生影响，从而对整个工程造成破坏，因此研究分析裂隙的发育规律和特征至关重要。

膨胀土中的裂隙发育呈现多种形态特征，按照其发育的形成原因，将其分为原生裂隙和次生裂隙两种形式。原生裂隙结构较为隐蔽并呈现封闭特征；而次生裂隙根据结构特征可以分为斜坡裂隙、滑坡裂隙和减荷裂隙，且次生裂隙具有张开特征；此外，膨胀土中还发育着垂直裂隙，它是受到构造应力和胀缩效应的共同作用。这种类型的裂隙具有明显的特征，在裂隙面常存在黏土类物质，容易发生富水软化[2]。

膨胀土中裂隙一般呈分组的形式出现，裂隙分组的组合形式也不规则，以网格裂隙和裂隙分岔为主要特征，形成各种不同的结构体。同时，裂隙也会将膨胀土土体分割，将其分割成不同形态的块体,如柱体等,加剧了膨胀土的不稳定性。

膨胀土在自然地质条件下呈现随机分形的特征,裂隙之间相互交错形成网格裂隙,将土体形成不同形态的块体结构,单就从形态上看,形成的块体结构各异,但却有一定的自相似性。易顺民[3]通过分形理论描述裂隙的结构特征,并利用分维度的知识描述了膨胀土的裂隙方式和力学特征。

膨胀土风化作用明显,且具有反复的胀缩作用,这加剧了裂隙在膨胀性黄土中的发育,使本来就复杂的裂隙更加严重;同时,风化作用导致岩体中的原生裂隙的开裂,形成较为严重的裂隙分岔现象,对岩体的强度和稳定性带来了极大的考验。

通过以上分析,裂隙发育对膨胀性黄土的破坏是很严重的,裂隙发育不仅破坏了膨胀土土体内部的整体稳定性和连续性,并且对于膨胀土的力学强度有很大影响;此外,裂隙的发育造成在黄土土体中形成很多通道,这些通道给水的渗流提供便利,加剧了水在土体中的作用,使胀缩效应反复发生,加速膨胀土的稳定破坏;裂隙形成的通道还为雨水进入黄土结构提供结构便利,造成含水量的增大,含水量增加也会加筋胀缩效应发生,同时反过来加速裂隙发育;裂隙的发育也会加剧化学风化作用,在膨胀土裂隙面处,发育有次生蒙脱石,增强了膨胀土的亲水性,对土体的稳定性极为不利;裂隙的发育一方面受到膨胀土自身和组成成分条件的影响,另一方面还受到时间、气候和开挖条件的影响[4]。

4. 膨胀土的超固结性[5]

超固结性是指历史上土层所承受的比目前所承受的上覆荷载更大的压力作用,并且已经完成或是部分完成固结的特性。膨胀性土的超固结是一个复杂的过程;由于自身重力作用导致膨胀土颗粒发生沉积,然后土体就随着沉积物的加厚产生压密;最后受到各种地质条件的影响和外界环境的变化,这种沉积具有一定的强度,形成了超固结状态。对于超固结形成的原因和机理,可以归结为以下几个因素:

(1) 膨胀土其中一部分为原始土层,经过雨水冲刷或是其他作用如风侵蚀、生物风化等,上层的一部分土层会被剥蚀掉,这样一部分的荷载就被去掉,使其具有了超固结特性。

(2) 长期的过程中,发生的地质构造作用使地表发生隆起,可以发生剥蚀超固结;此外,地下水水位的变化,也会对土层固结起作用,如地下水位长期处于低水位,存在渗透压力作用,发生超固结;外界气候和长期的风化都是造成超固结的因素。

(3) 膨胀土中存在的黏性土矿物,它们会和水等存在物发生作用,可能产生超固结。

因此,可以看出,膨胀土发生超固结的原因比较复杂,形成机理影响因素较多,有的是单一因素引起的超固结作用,有的是几个因素相互影响共同作用的结果。超固结对工程的影响也是多方面的,影响程度是巨大的,例如,位于深层的超固结土进行开挖时,可能由于环境的改变,土体在一定范围内发生卸荷膨胀,导致工程变形破坏;因此,一定要注意超固结的影响,并能及时对超固结膨胀土进行处理。

1.1.3 膨胀性黄土的地层特征

膨胀性黄土经过漫长的发育过程,形成了典型的黄土结构和特征,根据形成的时间和所具有的特点不同,将黄土进行分层,具体分层名称和特点如表 1-1 所示。

表 1-1 典型黄土层划分及主要特征表

时代	名称	主要特征	备注
全新世	全新世黄土	又可以成为近堆积黄土，以粉土为主，还存在细沙或是粉质黏土；分布较广，厚度小，土质均匀，不存在古土壤。	多有较明显的湿陷性；承载力一般小于150kPa；锹挖极容易，进度很快。洞口段易塌方，开挖时地质灾害易发生
晚更新世	马兰黄土	岩体上部以粉土为主，下部黏土较多，结构较为疏松，土质均匀，孔隙较为发育，不存在层理，颜色为黄褐色。	部分有湿陷性；易产生天然黄土桥及陷穴；承载力一般150~250kPa；锹挖容易，进度稍慢。垂直节理对隧道影响大。
中更新世	离石黄土	颗粒中以粉质黏土和粉土较多，偶尔也存在少量的粉细沙，且分布较广，厚度大，土质均匀，存在古土壤。	一般无湿陷性；抗侵蚀能力较强，是黄土隧道的主体土层；承载力一般约为400kPa；锹镐开挖困难。
早更新世	午城黄土	颗粒中粉质黏土较多，结构致密，颗粒均匀，节理较为发育，颜色呈棕黄色。	锹镐开挖很困难，埋深过大，厚度有限，一般不作为隧道穿越层。

1.1.4 膨胀性黄土的节理特征

膨胀性黄土构造是土层中的层理、裂隙和孔隙的宏观特征。黄土中，对于常见的垂直节理认识较早，垂直节理主要存在于黄土工程崩塌中；在后来的路基工程中还存在斜节理；垂直节理和斜节理都是构造节理的一种。按照节理形成的成因分为：原生节理、次生节理；而次生节理又可以分为风化节理、湿陷节理和卸荷节理。

（1）原生节理结构有多种形式，可以和黄土层理交错形成垂直节理，有的可以和土层斜交，形成斜节理；通常情况下结构多样，构成不规则形状。

（2）风化节理一般是外力作用下，对原生节理或是构造节理的进一步扩展；原生节理一般处于封闭状态，在受到外力作用下，裂隙得到发育、张开，主要发生在黄土的表层。例如黄土在水的作用下，或是温度影响下，使裂隙进一步发育，极易发生崩塌、脱落。

（3）湿陷节理主要发生在湿陷区，影响因素最大的是水的作用，在水的作用下，黄土容易形成陷落，发生在局部地区。

（4）卸荷节理是由于土层荷载被去除后形成的空间膨胀，是一种张开节理，节理一般与地形平行，多发生在隧道开挖后的应力释放区，特别是在隧道壁、拱顶部位，对工程产生不利。

黄土的节理在形成的过程中，是受到多种因素的影响，对工程地质具有很大的威胁；分析和研究节理的发育规律和特征对于节理造成工程灾害具有一定的指导作用。

1.2 膨胀性黄土隧道发展概况

膨胀性黄土隧道支护理论发展时间已有上百年，但是十九世纪后期才加速发展。地下工程支护技术是参照最早地面支护的方式进行，而后逐渐根据实践慢慢发展，在地下工程支护的起初阶段，遇到了许多困难，对工程的各种力学现象和变形情况不能很好解释；在对工程的施工一般按照经验设计进行，这使地下工程支护的发展受到了限制，因此，不断地在实践摸索中发现新问题，解决新问题，创新新思路，创造新方法，对于膨胀性黄土隧道支护理论的发展有着巨大的促进作用。

科学技术水平提高，工程建设项目逐渐增多，对工程建设的理解更加清晰，对施工技术的研究更加透彻；一些新的知识、新理论、新方法得以在工程中得到实践，特别是计算机应用和各种数值模拟软件的发展，带给地下工程技术更大的发展，使地下工程逐渐形成一个学科，使之更加完善。

早在二十世纪初，对于隧道围岩的压力分析主要是靠最原始的压力理论。主要考虑地层自重，但是随着开挖条件的不断严峻，传统的压力分析理论已无法满足深部或特殊地质条件下的隧道施工及其支护要求。隧道埋深不同所承受的压力不同，随着埋深的增加，由上覆压力变成围岩松动岩体承重，这种理论以太沙基理论和普氏理论[6]最具代表性。散体压力理论是随后发展起来的，基于当时技术条件差，开挖时间消耗长，围岩得不到及时支护，导致隧道部分发生塌方损毁，没有认识到通过利用围岩自稳性加固隧道。以上提到的理论已经不适应目前的隧道施工和支护工程的发展。

到了二十世纪中叶，科技的迅速发展带动了岩石力学的发展和完善；特别是围岩的稳定性分析、弹塑性和粘弹性的理论得到补充[7-8]；国内外学者都对岩石力学的发展进行了许多研究分析，并取得了很大的进展。温德斯[9]提出了新的方法计算隧道衬砌的弹性解，并得到验证分析；徐干成、郑颖人[10—11]结合弹性力学知识，求出了围岩支护的应力解。二十世纪六七十年代，孙钧[12]院士通过数值模拟和有限元分析，对围岩支护进行了深入的分析，并针对破碎围岩提出了新的粘弹性模型理论；李术才[13]分析了围岩裂隙节理构造，推导其本构关系，分析其损伤演化机理。目前，一些大型的分析软件：MIDAS-GTS，FLAC-3D，NASTRAN，ANSYSM，ABAQUS等，对工程中的一些难题进行数值模拟，将实际问题进行数字化，并通过一些经验公式上升为理论，反过来对工程的施工进行指导。

对于围岩支护中的一个重要课题是对裂隙的研究分析，由于裂隙的发育，围岩结构的稳定性受到威胁，裂隙的存在将岩体切割成不稳定的块体，应用地质分析，根据极限平衡理论，研究围岩条件和结构，确定支护结参数，为隧道围岩支护提供更加精确和科学的指导。

1.2.1　我国膨胀性黄土隧道建设概况

在全面建设小康社会的进程中，持续加快西部地区的经济发展变得非常重要，特别是对西部资源性结构的开发利用，需要加快基础设施的建设，特别是道路交通的发展；因此对西部地区的铁路建设需要更加凸显，西部大多数铁路沿线都要经过辽阔的黄土地区，并且在黄土地区的铁路建设出现了更为先进和可靠的高速列车，这是西部铁路建设的新时期。建设中缺乏资金，设计路线常为盘山绕行或为切坡深挖，隧道形式极少采用，这是我国早期铁路建设中常出现的问题。但是，随着我国国民经济的飞速发展，在高山区铁路建设中修建隧道不仅可以缩短施工周期，技术方面也已经具备了安全施工的条件。

改革开放以来，经济高速发展，基础设施的缺乏使地区经济发展举步维艰，特别是在黄土分布的中西部地区，因此，国家陆续进行了很多铁路线路的建设，其中包括京包线、大秦线、兰新线和石太线等东西线路，还包括包兰线、太焦线和包中线等南北线路。进入21世纪以来，在黄土地区的铁路建设更是发展迅速，包括许多高水平、高技术的铁路得到建设，如郑西高速、石太客运专线等线路；并且，许多黄土隧道得到建设。郑西线函谷关隧道，全长 7.85 公里，是目前我国最长、断面最大的黄土隧道。西（安）宝（鸡）高速改扩建工程唐家塬隧道顺利贯通，填补了我国大断面黄土隧道开挖技术方面的空缺。绵阳到九寨沟的黄土梁隧道属绵九高速公路控制性工程，全长 13 公里，投资 32 亿元，目前开工建设前期准备工作正在紧张进行。

目前，黄土隧道已经建成通车和在建的工程较多，一些关键的技术得到了较好的解决，但是在具体工程中，由于黄土结构的复杂性和难预知性，黄土隧道中还是遇到很多棘手的问题。比如，唐家塬隧道，隧道所处地质条件比较差，存在砂石层，容易发生坍塌，施工技术难度大，风险较大。

所以就目前的技术和发展水平，在黄土隧道建设中还是存在许多问题，需要我们对黄土结构和围岩特征作进一步的研究，对黄土隧道支护理论作进一步的完善，对工程建设作进一步的总结。

1.2.2　我国膨胀性黄土隧道发展趋势

随着我国道路交通系统的快速发展，对大断面长距离隧道施工工程要求越来越高，对膨胀土隧道施工的理论要求更加严谨。我国有着大片的膨胀性黄土分布，因此对于膨胀土地区隧道建设的研究分析也较早，所以我国在膨胀土隧道施工技术发展的较为成熟，具有一套较为完善的膨胀土隧道施工体系；早在 1969 年第二次国际膨胀土会议上，许多专家学者提出了关于黄土地区工程建设的问题，并膨胀土进行专门的定义，认为膨胀土是一种对外界环境非常敏感的土；到了七十年代，对膨胀土的定义又进行了修正，认为膨胀土是一种对水十分敏感，遇水膨胀，失水收缩的具有频繁胀缩的土。而 1989 年国家发行的规范当中，重新对膨胀土进行了新的定义，定义膨胀土是一种亲水性的混合矿物质组成，具有明显的遇水膨胀和失水收缩的黏性土。

建国至今，特别是近些年，我国膨胀土道路施工建设长促发展。1987 年，大秦铁路西坪隧道出口段隧道施工采用双侧壁导坑法作业方式；1988 年，大秦铁路军都山隧道进口段采用三台阶（上台阶预留核心土）施工方式。1993 年，侯月铁路百家垣隧道采用弧形导坑法作业方式；1994 年，神朔铁路蛇口峁隧道洞口段施工采用弧形导坑＋管棚的方法；1995 年，神朔铁路霍家梁隧道进口段采用台阶法（预留核心土）施工；2002 年，陇海铁路宝兰二线新曲儿岔隧道下穿段采用交叉中隔壁法施工方式；陇海铁路宝兰二线码头隧道采用超短台阶＋双层衬砌方法施工；黄延高速公路道南隧道紧急停车带采用短台阶起步流水＋管棚的方式施工。

从以上可以看出，黄土隧道的开挖方法很多，不同地质条件采用不同的开挖方法；通常采用 CRD 法、双侧壁导坑法和预留核心土台阶法等方法的使用，使现代隧道开挖技术更加完善、完备[14-15]。在国内的一些施工项目上采用上述施工技术都能很好的解决，且效果良好。

随着施工方法的完善和技术水平的提高，黄土隧道也出现了一些大跨度施工方案和技术，例如宝兰客运专线中的兰山隧道出口设计为直径为 23m 明洞，采用了超前大管棚，隧道开挖采用三台阶临时仰拱法，这种方法具有施工快，加速了施工周期，使工期得到缩短，并且有效的控制了塌方和拱部沉降的黄土隧道常见的问题。

因此随着施工技术和材料的发展，黄土隧道工程也会向着大断面、高难度、浅埋富水等较为复杂的工程发展，这对于黄土隧道的理论发展，以及对黄土隧道建设体系都是极大的促进作用。

1.3 膨胀性黄土隧道的研究现状

1.3.1 国内外黄土隧道支护理论发展

黄土隧道施工工程由于其复杂的地质特征和所处的外界环境条件，长期以来缺少可以适用的设计方法和支护理论解决隧道及地下工程遇到的问题，对于隧道中遇到的围岩支护变形、拱部沉降、底鼓现象不能正确的解释，且缺少合适的方法解决，工程中常处于靠经验施工，缺少理论支持，对黄土隧道的发展和进步产生了一定的制约和限制，所以，要求我们必须针对黄土地质条件和工程特点，寻求新的思路，提出新的理论、方法。

黄土隧道的施工中，遇到的最严重的、最复杂的是对隧道围岩支护，支护理论的发展和完善是工程顺利施工的保证。对于支护理论的发展一般和岩石理论的发展紧密相关，支护理论作为岩土工程理论的一个重要分支，它的发展对隧道工程领域也是极大的促进；特别是近年来，科技的发展，计算机和大型测量仪器的发明和运用，数值分析大量应用与隧道工程领域，给隧道工程中支护理论的发展提供了机遇[16-18]。

早在二十世纪初，古典压力理论是支护理论的基础，在常见的隧道支护中，常用古典压力理论解决遇到的问题。随着施工工程的发展，古典压力理论已经不能适应工程技术的发展，到了60年代，松散体理论主要在大埋深工程中应用；到了60年代以后，特别是新奥法的提出，使支护理论有了更加丰富的内容和成果。分析对比传统支护理论和现代支护理论，存在以下不同之处[16-18]：

（1）对支护围岩认识不同：传统支护理论认为围岩存在压力，围岩压力来自隧道开挖引起，而非现代支护认为支护围岩具有自承能力；且现代支护理论还认为围岩压力还会阻碍围岩发生变形。

（2）对于围岩支护之间关系的不同：传统支护认为围岩和支护之间是需要和被需要的关系，围岩是产生荷载，支护需要去承受荷载，因此可以将其分割；而现代支护认为，围岩和支护之间是相互作用的，只有将二者进行有机统一才能保证支护的科学性。

（3）支护原理存在差异：现代支护在设计时候考虑了岩体的应力，还同时考虑稳定性和加固效果；传统支护只是为了承受围岩压力。

（4）还有就是支护工艺上：传统支护仅仅考虑了结构上的围岩压力，且传统支护需要大量的模板，支护工艺较为复杂；而现代支护除了考虑围岩压力，还有地应力和支护荷载，且仅仅使用锚喷支护，施工较简单。

黄土地区隧道建设越来越多，地质条件也越来越复杂，为了控制围岩变形，通常在施工中采用管棚支护，施工技术也比较成熟，目前在管棚施作方面，国内已经有许多学者进行了研究分析，并投入了实践应用，取得了一些良好的效果：

① 梁理论：通过隧道中对管棚的施作，将管棚简化为简支梁进行计算和设计，计算方法较为简单，但是也存在一些问题，就是在计算中这种方式并不能完全反映出结构的受力情况以及掌子面的受力特征。

② 弹性地基梁理论：弹性地基梁则是另一种理论方法，它是基于温克尔地基模型，将管棚结构定义为弹性地基梁结构，然后按照围岩压力进行计算荷载，管棚挠度的计算需要在施作前一定距离，并严格按照每次开挖步距进行计算。

③ 壳体理论：壳体理论是则是通过比较完整的整体来分析管棚受力情况，将管棚定义壳体结构；但是管棚之间存在不连续性，因此采用壳体结构从数学上来讲求解复杂，不能很好的反映出管棚受力的实际情况。

通过以上的分析可以知道，通过采用管棚施作的方法并不能很好的满足工程中对支护体系的要求，并且管棚施作也缺乏相应完善的体系，如缺乏参数，引入的各种理论方法都不能有效的对围岩受力做出分析，只能定性的解释，缺乏量化指标等；采用的数值模拟方法进行支护效果的评价也缺乏准确性。

于是，认识到在隧道围岩支护中，还存在着许多需要解决的问题，很多方法和施工工艺需要改善，并且还要将现场监测数据和理论分析进行结合，有效的分析研究隧道支护工程的受力特征，建立支护工程体系。

1.3.2 国内外黄土隧道支护技术发展

黄土隧道衬砌支护最初是始于十九世纪，当时支护是按照地面支护的方式进行支护，一般是采用木质材料或是砖石作为支撑结构；后来，许多学者对断面施工开挖方法也进行了许多研究，通过进行一定的假设，分析变形产生抗力。到了1910年，开始发现采用锚杆支护能产生较好的效果，并且逐渐锚杆支护以其具有的优越性得到了广泛使用，一些学者也对此做了许多的研究分析，使锚杆支护形成了一个比较完善的体系[19-20]。

从二十世纪40年代以后，国际上可以大致将锚杆支护技术的发展分为几个阶段，40~50年代，最早研究的是机械式锚杆，使这种锚杆在60年代得到推广应用；70年代，随着化工产业的发展，支护领域出现了树脂锚杆，这种锚杆引起结构轻便、强度高而受到重视；到了90年代，锚杆呈现井喷式发展，各种特种锚杆、让压锚杆、长锚杆等开始应用，给支护工程提供了极大的帮助。而近些年，恒阻大变形锚杆的研发更具有划时代的意义，代表着现代支护理论向着更高层次迈进。

我国对锚杆技术的应用较晚，在50年代才逐渐出现了锚杆支护技术，后来将锚杆和喷混凝土技术相结合，一种新的支护工艺-锚喷支护得到较为广泛的应用，并大量的应用于初期支护中，在隧道工程的发展中，这种工艺取得了良好的效果。从60到90年代近30年的时间，我国的煤炭开采和金属矿山的建设得益于锚喷技术的成果，并对锚喷支护的发展起到推动作用，通过大量的工程实践，采用锚喷代替传统支护，极大提高了效率，节省了材料，使成本大大的降低。

二十世纪60年代，奥地利的学者独创性的推出对后来隧道支护设计施工起到非常巨大的施工方法——新奥法；新奥法是充分利用围岩的自承能力，将锚杆、混凝土和围岩形成一个整体结构，保证了围岩能够不发生破坏，是整个施工过程安全。后来，奥地利学会又对新奥法进行了一些修正，使新奥法进一步得到发展和推广。

"管超前、严注浆、短开挖、强支护、快封闭、勤量测"是隧道工作人员在利用新奥法进行隧道施工中总结出的十八字方针[21]，其对减小隧道的变形量有重要的指导意义。黄土隧道在"严注浆"后，浆液中的水会使黄土产生沉陷变形。黄土沉陷会降低围岩的承载力，影响隧道的稳定性，因此不宜采用。黄土自身的性质、初期支护以及隧道施工方式等影响隧道围岩强度，选用"强支护"对含水量较大的黄土隧道进行支护，以确保隧道整体稳定性[22]。

目前，我国在黄土隧道中通常采用初衬和二衬相结合的复合衬砌支护结构，支护过程中，将锚喷支护作为初衬成为永久支护的一部分，和二衬共同作用，承受来自围岩的压力；此外，还有一些黄土隧道工程中采用刚性支护，将初衬当成临时性支护，承受围岩的大部分压力来自混凝土。

黄土隧道工程支护理论经过这么多年的发展，已经取得了巨大的进步，一些大断面、埋深大的复杂隧道也顺利完工，同时我们也应该认识到，支护的发展还有需要解决的问题，还存在限制发展的瓶颈，需要进一步的研究分析。

1.3.3　国内外黄土隧道支护材料发展

隧道支护早期，由于隧道开挖断面小，开挖深度浅，要求的支护强度不大，因此主要使用砖石和木质材料作为隧道内部衬砌支撑就能满足支护要求。但是随着隧道开挖深度的不断加深以及隧道开挖难度的加大，像软岩、黄土、断层、富水区等特殊地质构造区，使得支护难度加大，对支护技术和支护材料的要求更高。不仅在支护强度、结构方面提高要求，同时在防水、让压等方面也提出了更高的要求。

为解决隧道现场实际的这些要求，我们不仅在隧道设计方面着手，也要从隧道支护新材料下手。随着科学技术的不断发展，金属支护材料很快应用于隧道支护。

金属材料作为支护材料优点众多：强度大，可支撑较大的地压，使用时间长，非一次性支护可多次重复使用，易安装，耐火性能强，必要时也可制成可缩性结构，投资虽然大，对于隧道这种使用时间长，安全等级要求高的工程，很有必要。

由此，各种钢支护结构不断设计产出：型钢和钢筋、格栅和钢丝、锚具等多种支护材料。这些支护材料的生产，对支护工程的发展起到一个补充作用。

水泥材料作为灌浆和衬砌的主要材料，其快速发展满足了隧道支护需要，水泥具有耐压强度和抗老化性、轻量性、耐高温、防开裂、使用寿命长、抗拉强度好、施工简单防水防潮性能好、适用范围广。水泥不仅作为施工材料，在支护上也大量使用。灌浆支护，超前支护，衬砌喷浆等结合刚性结构共同组成支护整体，支护效果更佳。

高分子塑性材料的快速发展也为隧道支护材料的提供更多的选择，高分子塑性材料有着轻便、耐腐蚀、硬度大、弹性可塑性好的优点，被制成防水膜、排水管道等置于隧道内部，起到防水防潮、排水的效果。

1.4　膨胀性黄土隧道施工中遇到的问题

黄土地区隧道建设中，隧道洞口的边坡和仰坡的稳定问题，是黄土隧道中最为常见的问题，在浅埋段的隧道的开挖问题，地基承载力问题，施工中的排水和堵水问题，还会遇到隧道的塌方问题[23]。

1. 隧道洞口的高边、仰坡问题

最近，国家提出建设和谐社会，将生态保护提高国家战略上来，已经成为我国的基本方略，因此在公路隧道建设中，一定要注意保护环境，并做到工程与自然和谐发展，但是还是存在有些工程大填大挖的现象发生，其中以在西部的一条高速公路为例，由于存在路线的原因，工程填挖比较严重，并在很多隧道的进出口都存在高边、仰坡的现象，甚至有的边坡高达几十米，并且黄土风化较为严重，自稳能力差。如图1-1所示的是某公路隧道洞口高边坡。

图1-1 某公路黄土隧道洞口的高边坡

2. 洞口浅埋段施工问题

隧道施工过程中，在隧道洞口和浅埋段比较容易发生安全事故，特别是对于浅埋和偏压的隧道，这些地段一般是施工过程比较缓慢，难度较大，容易发生塌方或是支护变形。

3. 地基承载力问题

地基承载力的问题是膨胀性黄土常遇到的问题，因为水的因素，土体容易发生严重的胀缩，围岩条件较差，特别是在隧道施工中，如果遇到地下水水位较高时，这时候会引起隧道内地基承载力不足的问题，并引起隧道支护体系和地表的沉降。

4. 隧道施工期间的涌水、突水问题

隧道施工期间遇到的涌水（图1-2）问题也是对工程能否顺利完工具有很大的决定作用，因此在工程中一定要做好工程的涌水突泥事故。

5. 施工塌方问题

黄土隧道中塌方（图1-3）多发生与岩石隧道中，而发生在黄土隧道总的塌方主要原因有是三个：（1）不良地质状况引起；（2）地下水多发区，黄土对其敏感；（3）施工方法存在技术问题。因此，在黄土隧道中的施工一定要做好地质预报工作，并处理好隧道的防、排水

图1-2 某施工段隧道围岩渗水

图1-3 某掌子面塌方情况

和地下水问题，并且选择合适的施工方法。

1.5　膨胀性黄土隧道施工研究的内容和意义

我国国土面积广阔，黄土覆盖层面积占到64万平方千米，其中膨胀性黄土占有很大比重，随着我国经济社会发展，东西部交流频繁，公路和铁路建设规模日益增大，公路、铁路建设贯通东西的趋势已成为定局[24-25]。其中，正在建设的太兴铁路为典型代表，起点为太岚线汾河站西咽喉，终点静游站。隧道17座，全长25377m。其中小河沟隧道全长为膨胀性黄土。

1.5.1　膨胀性黄土隧道施工研究内容

黄土隧道施工常需在复杂的地质地段，特别是在复杂隧道施工中，如隧道大断面、浅埋层、围岩强度差和涌水区地段等，如果施工技术不合理，就会造成掌子面围岩失稳，或是隧道开挖后支护不及时产生围岩变形产生的坍塌现象。因此首先对黄土地质情况进行分析，研究黄土土质对隧道施工的影响是施工研究内容的基础[26-27]。

对黄土地层有一个深入的了解，首先，黄土地质均一土质，无层理，但存在着柱状节理和垂直节理，直立性强。隧道开挖后，土体顺着节理发生剪短，如果遇到浅埋隧道，这就非常容易发生"塌顶"。非常容易在隧道侧壁产生掉土，若施工不当，就会引起较大的塌方；还有就是在黄土的冲沟地段，由于偏压现象的存在，隧道可能在较长范围内沿着平行走向，容易发生较大的坍塌和滑坡；再者，黄土具有湿陷性，水的作用非常巨大，它对施工的成败起着决定作用；黄土在干燥的条件下比较稳固，承载力较高，施工比较顺利，当受水作用后就会出现湿陷性，突然发生下沉的现象，失去自稳能力，若在施工中不能抵制这种突然的变化，就会造成坍塌事故；黄土底部排水措施若遇到排水难题，也会加剧隧洞内的不稳定性。

了解了黄土地质对隧道工程的破坏影响，选择合适的施工和支护方法很关键，为了增加围岩的自承能力和减小围岩的变形，采用超前预支护的方法，根据工程条件、断面、埋深，选择合适的施工工艺，最后进行工程支护的施作，保证掌子面的稳定。

选择合适的施工工艺，最后考虑工程施工时的机械配套，分析工程工期的要求，严格按照工程造价，最后在确保安全的前提下顺利完成工程建设任务。

1.5.2　膨胀性黄土隧道施工研究意义

黄土隧道工程在建和已经完成的项目许多，大部分黄土隧道施工都会遇到膨胀性黄土，由于膨胀性黄土本身工程特征和力学特性，施工难度较大。

首先从施工设计上来讲，由于在工程中存在地质条件等本身具有的不足情况，因此选择合适的设计，采用准确的施工方法对工程的顺利完工具有重要意义。在工程设计中，最重要的是对支护的设计，施工支护设计是整个工程的控制性步骤，因此分析支护结构，是维持隧道整体稳定的重要前提。通过对围岩施加支护力，改变应力状态，提高岩体强度。另外采用超前预支护的手段，改善围岩力学性能，减小变形，增强完整程度[28-29]。

从施工技术上来讲，包括对施工工艺、施工工序、采用设备、施工材料等，采用正确的施工工艺可以有效的减少工程难题,合适的施工工序可以减少工程量,缩短工期,新型的施工材料也可以大大的加快工程速度,改善施工条件。因此,在以后的工程中,要学会善于总结,善于发现,提出更加有效的施工技术,这对工程的顺利完工非常有利。

加强工程过程中管理工作,任何一个工程,施工组织管理是整个工程的核心,也是贯穿到整个工程的始终,包括工程前期的勘测设计、工程的施工、工程材料和工程造价,每个过程需要正确的管理施工管理;施工管理是整个工程的中心,建立以项目经理为负责的管理小组,制定相应的规章制度、奖罚措施,这些都是整个工程管理的有效措施。

通过对膨胀性黄土隧道施工设计、技术和管理的研究可以使黄土隧道工程理论更加完善;其技术实践可以推广到相似工程中去,作为重要施工经验,为后来施工提供技术参考;促进膨胀性黄土隧道施工技术趋向成熟,推动东西部道路施工建设快速发展,进而加快了西部大开发战略的步伐,因此具有重大的现实研究意义。

参考文献

[1] 林宗元. 岩土工程勘察设计手册 [S]. 沈阳:辽宁科学技术出版社,1996. 3.
[2] 缪林昌. 非饱和膨胀土的变形与强度特性研究 [D]. 南京:河海大学,1999.
[3] 易顺民. 膨胀土裂隙结构的分形特征及其意义 [J]. 岩土工程学报,1999,21 (3):294-298.
[4] 冯碧轩,孙文会. 小龙潭电厂膨胀岩土试验研究报告.
[5] 廖世文. 膨胀土与铁路工程 [M]. 北京:中国铁道出版社,1984.
[6] Grime RE. Clay Mineralogyl [M]. MegrawHill,NewYork (andEdutuib),1986.
[7] 孙钧. 岩土材料流变及其工程应用 [M]. 北京:中国建筑工业出版社,1999.
[8] 郑颖人等. 地下工程锚喷支护设计指南 [M]. 北京:中国铁道出版社,1988.
[9] 蒋洪胜,侯学渊. 软土地层中的圆形隧道载荷模式研究 [J]. 岩石力学与工程学报,2003,22 (4):651-658.
[10] 赵勇,李国良,喻渝. 黄土隧道工程 [M] 北京,中国铁道出版社,2001:176.
[11] 徐干成. 粘弹性边界元法预测锚喷支护隧道围岩稳定性 [J]. 岩土力学,2001,22 (1):12-15.
[12] 孙钧. 岩土材料流变及其工程应用 [M]. 北京:中国建筑工业出版社,1999.
[13] 李术才,李树忱,朱维申等. 三峡右岸地下电站厂房围岩稳定性断裂损伤分析 [J]. 岩土力学,2000,21(3):193-197.
[14] 周太全,华渊等. 软弱围岩隧道施工全过程非线性有限元分析 [J]. 岩土力学,2004,11 (25):338-342.
[15] 蒋洪胜,侯学渊. 软土地层中的圆形隧道载荷模式研究 [J]. 岩石力学与工程学报,2003,22 (4):651-658.
[16] 朱旭红. 公路隧道喇叭型直接进洞技术研究 [J]. 交通世界,2014 (13):104-105.
[17] 杨善胜. 软弱围岩隧道合理支护型式研究 [D]. 长安大学,2008.
[18] 李光辉. 青岛地铁区间隧道衬砌设计参数优化 [D]. 青岛:青岛理工大学,2010.
[19] 赵建辉. 基于主成分回归模型的我国能源消费影响因素分析 [J]. 中国矿业,2014,23 (1):44-49.
[20] 贾顺礼. 高碑店车站地下通道出入口的施工难点及其对策 [J]. 铁道建筑,2004 (11):40-42.
[21] 李虎军. 黄土隧道变形控制基准研究 [D]. 兰州交通大学,2012.

[22] 闫天俊,吴立. 现代隧道施工中的常见地质灾害问题及防治[J]. 探矿工程,2003(4):62-64.
[23] 张俊. 黄土隧道施工方法探讨[J]. 隧道建设,2007,2.
[24] 李健,谭忠盛,喻渝等. 下穿高速公路浅埋大跨度黄土隧道施工措施研究[J]. 岩土力学,2011,32(9):2803-2809.
[25] 陈新建. 黄土隧道工程地质灾害主要类型及分析评价[D]. 长安大学,2004.
[26] 张翾. 大断面黄土隧道支护结构力学特性研究[D]. 北京:北京交通大学,2010.
[27] 郭军. 客运专线大断面黄土隧道施工力学及支护设计理论研究[D]. 成都:西南交通大学,2008.
[28] 扈世民. 大断面黄土隧道围岩变形特征及控制技术研究[D]. 北京:北京交通大学,2012.
[29] 罗世明. 浅埋暗挖大断面黄土地铁隧道荷载作用特征研究[D]. 西安:长安大学,2014.

2 膨胀性黄土隧道围岩变形特性

2.1 膨胀性黄土隧道围岩基本力学特性

膨胀性黄土隧道工程建设是一项非常复杂的工作，通过理论分析、室内试验、现场试验、数值模拟等研究分析，得到隧道围岩基本力学特性概括为以下几个方面：

1. 黄土隧道围岩压力特征

黄土隧道围岩压力特征主要通过三个方面体现，分别为压力的分布规律、侧压力系数和压力拱；

（1）压力分布规律，一般情况下在黄土隧道中沿着远离拱顶的方向逐渐增大，且在两侧方向 45°范围较大，在竖向荷载分布呈现拱形；另外，压力分布规律也受到围岩地表倾角、埋深和围岩条件的影响，通过研究分析发现，倾角较大、埋深较大，压力较大。

（2）侧压力系数，表示水平压应力和垂直压应力的比值；在黄土隧道中不同位置分布不同，它直接反映了围岩压力特征，分布情况为拱部压力系数比两侧大，一般取值在 0.5~0.8。

（3）压力拱，只是上部承担围岩压力及荷载。可以是自然的，也可以是人为的，自然坍落拱最终可以形成稳定的拱，但是出于设计、施工、安全及经济的需要，通常人为采取系统喷锚等支护措施，保证顶拱岩体的整体性和承载力，提供围压降低屈服破坏范围，来确保围岩的稳定性，充分发挥围岩自承能力，其原理就是压力拱的作用[1-4]。

2. 黄土隧道初期支护的变形特征

黄土开挖后立即进行初期支护，初期支护完成后，由于收敛变形较大，容易发生底鼓现象，为防止发生变形破坏，必须采取支护处理。

在进行支护的时候，研究分析初期支护变形的影响因素，根据黄土本身性质、所采用的施工方法、所使用的支护参数等，采取合理、科学的支护技术措施。

隧道支护施工时，对于仰拱的施作一定要认真做好充分的准备，仰拱初衬完成后，应及时施作仰拱结构，因为仰拱的封闭时间影响着开挖后的变形量，时间越早总的变形量越小，反之，变形量会变大。

3. 围岩的含水量是影响围岩稳定、支护变形量的重要因素

通过长期的工程监测，通过对含水量、支护变形和支护参数的特征，将黄土可以分为三个等级，如表 2-1 所示：

表 2-1 公路隧道黄土含水量与支护关系

序号	黄土含水量%	特征	支护参数
1	≤17	土质比较均匀，具有稳定性	围岩稳定性好，可以按照普通黄土隧道进行设计

续表

序号	黄土含水量%	特征	支护参数
2	12～26	土质变软,施工时仰拱存在积水的危险	围岩较稳定,仰拱开挖后喷混凝土封闭,做好防水准备
3	26～32	水从钻孔中流出,若用手掌接触开挖面,手掌沾水	围岩稳定性差,按有水黄土设计

2.2 膨胀性黄土隧道围岩变形特征

2.2.1 隧道围岩变形特征

复杂的黄土地质条件下进行的隧道建设,存在着很多的技术难题需要解决,特别是目前建设较多的大断面隧道,由于黄土地质承载力较低,大断面隧道在开挖后极其容易发生围岩大变形,如果是施工中软岩或是富水情况下则更为严重,直接可能导致围岩坍塌等失稳情况的发生。所以研究分析围岩的变形特征,对于解决更为复杂条件下的隧道工程问题,显得尤为重要,对于围岩变形特征的研究,许多专家学者进行了不少的分析,也取得了一些研究成果,因此,将黄土隧道围岩变形特征总结如下[5-9]:

1. 黄土隧道围岩应力释放快,变形具有突变性

黄土隧道开挖时,围岩变形较大,垂直节理较为发育,许多围岩面容易被节理割裂,特别是在隧道开挖后,进行初期支护发生的变形较大,围岩变形和原岩应力发生耦合作用,可能导致围岩的变形过大或是发生塌方。另外,围岩应力的释放不是瞬间完成,一般情况下,围岩应力好,释放较慢,反之释放较快,这也说明了黄土隧道围岩情况较差的情况。

2. 黄土围岩变形量大

通过对大量黄土隧道项目围岩情况进行分析,并结合大量数据验证,黄土地区相比其他岩体相比,黄土隧道支护产生变形较大。通过小河沟隧道现场的实测数据可知,黄土隧道拱顶易发生沉降,沉降量最大可达24cm;初期支护容易发生开裂;分析了断面开挖施工方法,认为采用上台阶法施工产生的变形较大,速率也快;而下台阶变形稍微小一些;在仰拱施作时也会发生变形,在施作后变形基本不会发生大的变化。

通过施工现场施工,通过表2-2中小河沟隧道围岩变形监测结果显示,采用双侧壁施工拱顶沉降量相对较小,速率较小,水平收敛相对其他方法也较小;采用台阶法中的三台阶七步法进行施工,拱顶沉降和水平收敛变形都是最小的,所以施工采取台阶法中的三台阶七步法更合适,比较符合Ⅳ、Ⅳ级围岩进行施工,具体开挖方式如图2-1所示[10]。

表2-2 小河沟隧道围岩变形监测结果

	拱顶沉降		水平收敛		地表沉降	埋深
	最大值(mm)	速率(mm/d)	最大值(mm)	速率(mm/d)	(mm)	(m)
双侧壁	95.117	9～15	92～95	10～12	59	15.20
CRD	132～152	16～19	124～134	15.40	—	30～35
CD	226～227	13～16	143～223	15.25	—	30～35

续表

	拱顶沉降		水平收敛		地表沉降	埋深
	最大值（mm）	速率（mm/d）	最大值（mm）	速率（mm/d）	（mm）	（m）
台阶法	122～172	24～36	126～167	19～35	—	175
	90～92	25.28	44～45	7～9	—	30
	109～163	12～25	54～60	10～14	86～169	30～35

图 2-1 各施工方法示意图
(a) 双侧壁导坑法；(b) CRD 法；(c) CD 法；(d) 台阶法

3. 黄土围岩变形持续时间长

黄土隧道围岩的变形具有显著的特点，那就是围岩发生变形的持续时间较长，通过对小河沟隧道拱顶沉降的监测数据可以得到，数据显示，在开挖的较短时间内，围岩变形每天几乎达到 5mm 左右，但是变形量还是会继续增大，整个支护结构封闭后变形会趋于稳定，整个过程持续 30d 左右[11]。如下图 2-2、2-3 所示。

图中可以看出，整体上拱顶下沉趋势和地表下沉趋势类似，仅仅从最大值来看，拱顶的下沉量大于地表下沉量；从图 2-2、图 2-3 看出，在开挖的初期，不管是拱顶还是地表，下沉量都较为明显，在进行支护后，大概 20 天后趋于稳定；洞内收敛受黄土的垂直节理发育影响较大，开挖面的远近、下雨天气条件等对其影响甚小。

4. 黄土围岩易形成地表裂缝

黄土地区，裂隙在黄土地区较为发育，在进行隧道建设中，特别要注意垂直节理的发育，导致黄土抗剪强度降低，因此地层容易发生裂缝，并且从隧道周边开始向外或向上发展直至地表；在地表则变现为发生裂缝并张开，形成错动，如图 2-4，2-5 所示。

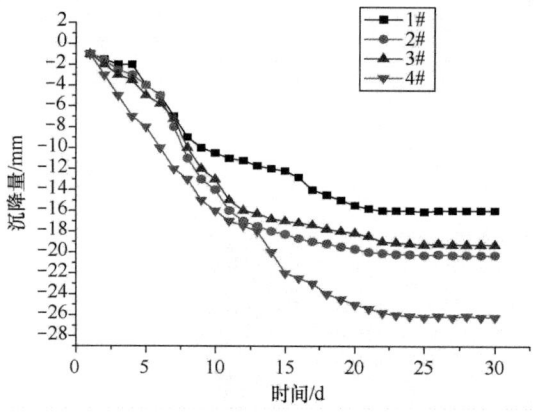

图 2-2　拱顶下沉量和时间关系图

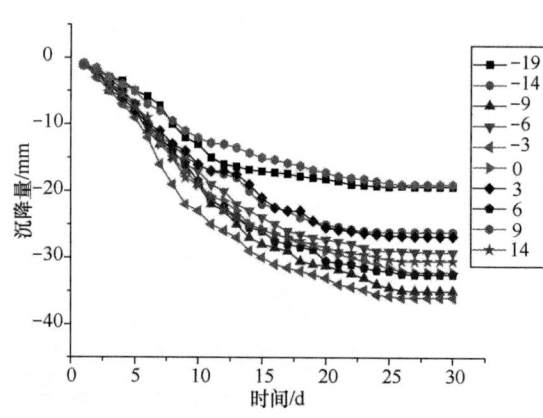

图 2-3　地表下沉量与时间的关系图

图 2-4　地表裂缝形式

图 2-5　黄土隧道基坑裂缝

2.2.2　隧道围岩变形分类

隧道的开挖必然会引起围岩的变形，围岩的变形是一个动态的过程，如若对围岩变形没有进行有效的控制，就可能引起隧道的塌方或其他灾害事故。围岩发生变形一般是开挖后离掌子面前方一段距离开始，通过对大量的围岩变形统计分析，将围岩归结为两类，分别是稳定变形和非稳定变形[12]。

1. 稳定变形

稳定型变形是表示隧道在发生变形后，最终趋于一种稳定的状态，具体是将稳定型变形分为三个阶段，急剧变形阶段、匀速变形和趋于稳定阶段。最初开始，围岩变形迅速增长，但是随着支护和围岩自承能力的效应，变形开始减小，最终趋于稳定状态。

2. 非稳定变形

显而易见，相比稳定性围岩，非稳定性变形具体体现在变形量更大、持续时间更长，并且没有放缓的趋势；这是由于非稳定型发生的变形是由于支护能力的不足引起的，对这种变形一定要认真采取措施，进行补救，不然就会引起工程事故。

对于隧道工程中，围岩的稳定型和非稳定型这是黄土隧道围岩变形的不同阶段和表现；在隧道开挖中，应该特别注意围岩变形的发展，围岩变形直接影响着工程的安全顺利进行，可根据黄土的特殊工程性质对应力场进行调整，尽量使非稳定型围岩减少[13]。一般情况下，隧道开挖引起围岩变形，由于黄土本身的工程特性导致围岩应力不足使变形加剧，从而使原有的应力场重新调整，调整后的应力场导致围岩变形再次发展，由此反复进行，最后体现为围岩的两种状态。

2.2.3 隧道围岩应力重分布

隧道的开挖引起应力重新分布，并导致围岩变形的发展，在应力场不断发生变化的过程中，黄土围岩开始按照特定的应力-应变关系发生变形，因此这个过程是围岩变形和应力场相互调整变化的过程，并根据能量最低原则，最终使隧道达到最后的稳定状态，这是个动态平衡，即为围岩力学响应。围岩力学响应既包括应变响应也包括应力响应。

以小河沟黄土隧道的断面为研究分析对象，选取反映了黄土特征的几种模型，包括双线性应变软化和硬化节理模型，对参数的选取根据室内三轴试验进行选取。选取中间断面为目标面进行重点分析，如图 2-6 所示[14]。

从图 2-6 看出，将隧道拱顶部位，标点 1 号，取拱脚部位，标点为 2 号，取拱底部位，标点 3 号，将三个测点的径向应力和环向应力研究分析，可见下图，R 表示开挖半径，可由式 2-1 得出。

$$u = 81763E^{-1.1931}R = [(B/2)^2 + F^2]/2F \tag{2-1}$$

其中，F 为隧道开挖高度，B 为隧道跨度。对于大断面黄土隧道而言，开挖当量半径 R 为 7.35m。

对于数据的处理，我们通过 origin 软件进行作图，将距掌子面距离作为横坐标，不同的测点位置作为纵坐标，其中应力变化曲线如上图 2-7～2-9 所示；图 2-7 表示拱顶部测点处应力随着距掌子面变化的趋势，图 2-8 描述了边墙位置的应力随掌子面移动的变化，图 2-9 则表示拱底位置应力随掌子面距离的变化曲线；三个图都显示当开挖掌子面通过测点时候应力开始减少，并且在拱顶和拱底开始发生波动，发生波动原因主要是由于开挖引起的卸荷回弹[15]。

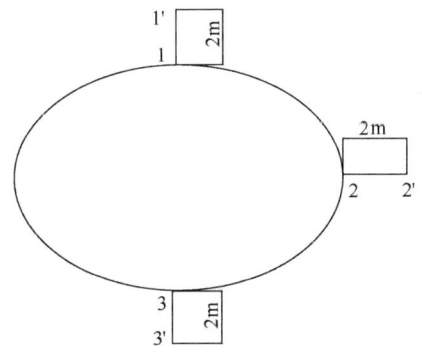

图 2-6 隧道目标面测点布置图

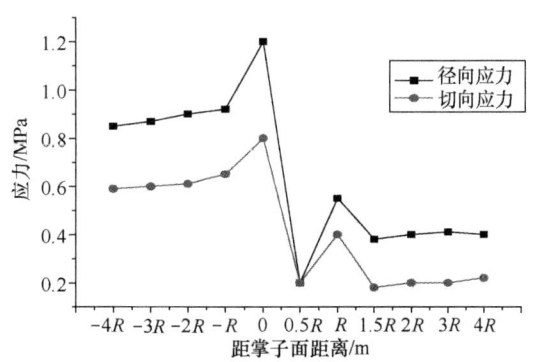

图 2-7 拱顶部测点 1 应力变化曲线

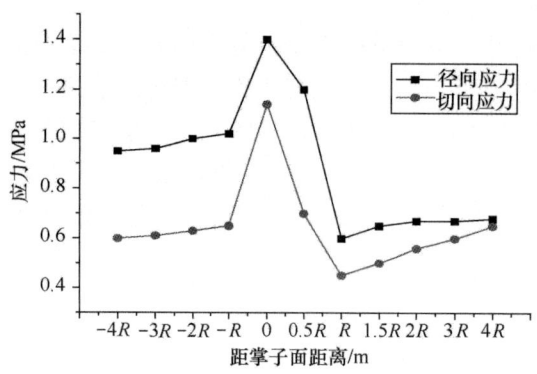 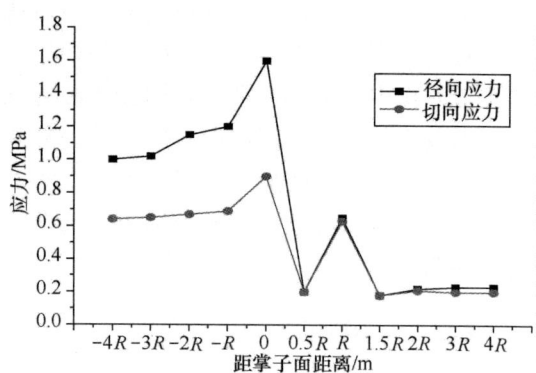

图 2-8 边墙测点 2 应力变化曲线　　　图 2-9 拱底测点 3 应力变化曲线

图 2-7 显示，隧道中开挖掌子面的空间影响范围超过隧道半径的两倍，并且，位于拱顶的测点径向应力比环向应力更大一些，差值比较明显，并且二者都是在掌子面附近达到最大，但这个应力变化的过程是非常复杂的；图 2-9 中，拱底测点显示，在掌子面一侧位置径向应力和环向应力差值明显，但在另一侧，环向应力和径向应力有趋同的倾向；通过采用掌子面处的应力和各点径向应力和环向应力的比值作为参考指标，如下表 2-3 所示。

表 2-3　围岩不同测点应力变化比值

测点	径向应力 σ_r		环向应力 σ_θ	
	σ_0/σ_{-2R}	σ_0/σ_{2R}	σ_0/σ_{-2R}	σ_0/σ_{2R}
	1.42	0.48	1.52	0.39
	1.45	0.76	1.92	0.96
	1.596	0.202	1.51	0.23

取相应测点拱顶、边墙、拱底对应的测点 1′、2′、3′，相对应的测点之间设置距离为 2m，得到各个测点的应力数据，分析围岩应力，如图 2-10、2-11、2-12 所示。

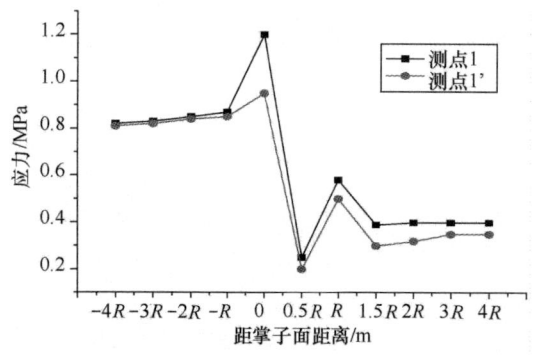 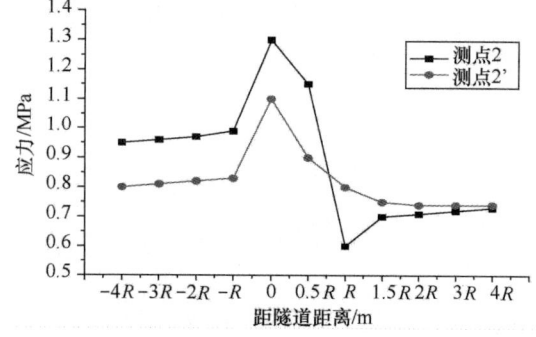

图 2-10 拱顶径向应力变化曲线　　　图 2-11 边墙径向应力变化曲线

从图 2-10～图 2-12 得知，随着开挖向前推进，当距离掌子面距离为 1.5m 处的各个的测点应力开始逐渐增大，达到掌子面的时候，应力也达到了最大值，经过了掌子面后，径向

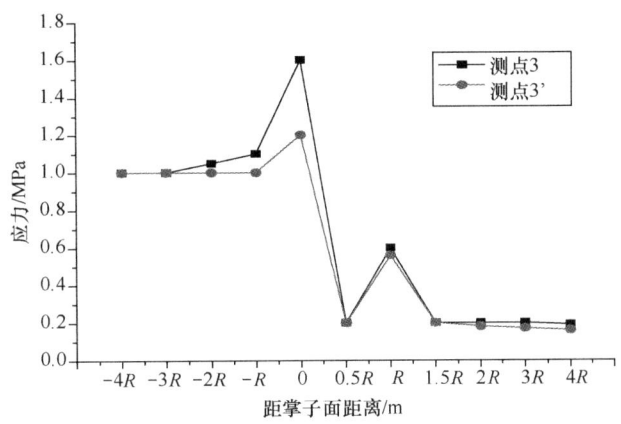

图 2-12 拱底径向应力变化曲线

应力和环向应力开始减小，下表则是表现不同距离的测点应力应变值，如下表 2-4 所示。

表 2-4 洞周不同距离应力应变比值

测点	拱顶测点		边墙测点		拱底测点	
	1	1'	2	2'	3	3'
σ_{-2R}/σ_0	1.42	0.48	1.52	0.39	1.596	1.25
σ_{2R}/σ_0	0.48	0.35	0.76	0.84	0.202	0.155

通过本节以上分析可知，黄土隧道中，开挖中的掌子面受到限制，其空间约束在两倍的半径范围内，在隧道开挖过程中，隧道各个测点的应力变化规律较为复杂；隧道开挖后，局部应力发生变化，并沿着开挖方向向围岩更深层发展，使应力发生重分布；而重分布和围岩强度之间的关系也决定了围岩稳定性，当重分布后的应力小于围岩强度时，这时可以保证围岩的自稳；当重分布的应力大于围岩强度时，这样围岩容易发生屈服破坏；因此，黄土隧道围岩需要较大的承载力才能实现围岩的稳定性。

2.3 膨胀性黄土隧道围岩变形影响因素

2.3.1 地应力环境

黄土地区因为其独有的特点，复杂的工程地质条件，黄土自身具有的独特组成成分，都是影响黄土隧道建设的重要因素，也对黄土隧道的安全施工和后期运营造成风险，并制约了整体工程进度和隧道工程的发展，对工程地质的不可预知性，加上工程勘测没有及时发现问题，这些都是造成黄土隧道工程施工难度的增加和风险加剧[16]。

对黄土隧道围岩变形有着重要影响的因素-水平应力，甚者可以直接导致围岩失稳现象出现；侧压力系数也是反映地应力的一个重要指标，通过对黄土隧道工程中大量的数据表明[17]，一般黄土地区隧道中，侧压力系数在 0.8～1.2 之间。针对小河沟隧道，选取侧压力系数 $\lambda=0.8$、1.2，支护参数选取如下表 2-5 所示。

表 2-5 支护力学参数

	重度 $\gamma/(kN/m^3)$	弹性模量 E/GPa	泊松比 μ	抗拉强度 y_{tens}/MPa	单位长度水泥浆刚度 gr_k/MPa	单位长度水泥浆粘结力 $gr\_c/N/m$
C25 喷混+型钢	24.5	26	0.25	—		
φ22mm 锚杆	78.5	209	0.2	11	175	$9.8×10^6$

通过 2-2 节中小河沟隧道布置的测点位置的应力，利用上述参数计算结果显示，随着侧压力系数的增大，在拱脚位置压应力集中区逐渐变大，塑形区变大，并向深部扩展，而在围岩变形值上有所减小，拱顶沉降量减小，由最大的 60mm 减小为 35mm，如图 2-13、2-14 所示。

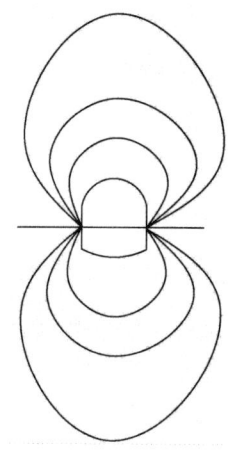 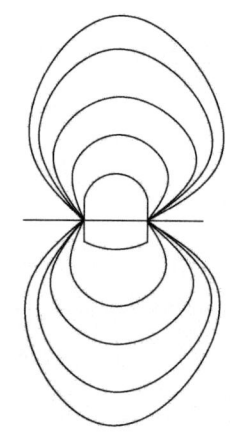

图 2-13 $\lambda=0.8$ 时黄土围岩竖向位移分布　　图 2-14 $\lambda=1.2$ 时黄土围岩竖向位移分布

2.3.2 隧道埋深

隧道埋深受到多种因素的影响，主要是原岩应力和应变能的变化。埋深的变化对应力的变化较为明显，埋深增加，初始应力增大，受到高应力条件下，使围岩产生大量的能量，正常情况下，这些能量没能释放，但是，当隧道开挖后，能量开始迅速释放，如若不及时采取措施，会对围岩产生破坏；同时，埋深增加隧道边墙和拱脚可能出现应力集中，如图 2-15 所示[18]。

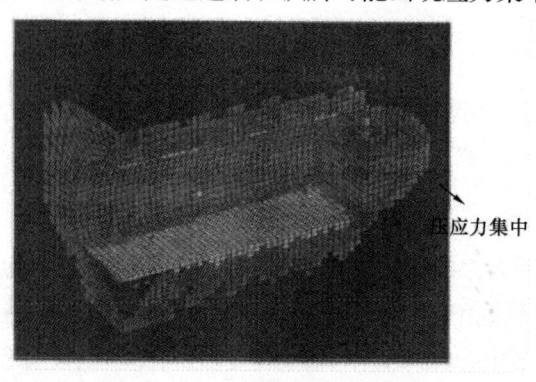

图 2-15 黄土隧道应力集中分布

2.3.3 隧道断面形式、尺寸

随着黄土隧道中施工技术的提高，还有对隧道运营需求的增长，隧道在黄土地区的开挖越来越多；而且大断面隧道在隧道建设中经常出现，且工程实践显示，开挖尺寸和形状也是影响应力分布的重要原因，隧道的跨度对隧道应力更是影响巨大，所以，隧道开挖也和应力集中关系密切。

有些专家学者如伍法权[19]采用强度折减法查看塑性区是否贯通来计算隧道的安全系数，并进行拟合，得出，隧道断面面积 S 和安全系数 K 的函数关系

$$K = 1.3429e - 7S^3 - 6S^2 + 0.0044769S + 0.9397 \quad (2\text{-}2)$$

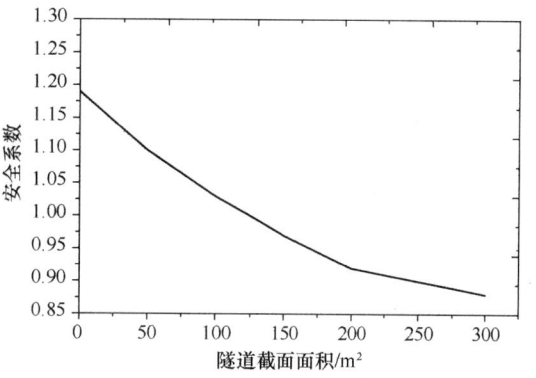

图 2-16 隧道断面面积与安全系数关系

通过使用上述公式进行拟合隧道断面面积和安全系数，可以得出，隧道跨度断面面积越大，在相同的围岩条件下，围岩的稳定性较差，隧道断面面积和安全系数的曲线如图 2-16 所示。

2.3.4 地下水

地下水对黄土的影响是巨大的，这也是黄土隧道围岩区别于其他地质的特性；当黄土结构受到地下水的扰动时，其力学性质就会发生明显的改变，受到地下水扰动的黄土产生变形，形成湿陷性黄土；这也是黄土隧道发生病害的主要因素[20-21]；与其他隧道相比，小河沟隧道受到地下水的影响具有以下几个工程特点：

1. 地下水较为发育

从小河沟隧道施工时候，发现地下水的发育比较明显，在土体开挖后较短的时间内，就能发现地下水的涌出，通过计算，每天的涌水量可达 1.2m³；由于地下水的渗出，导致隧道内土体发生软化，拱顶、边墙开始有土体剥落现象，再加上黄土与水极易发生湿陷性作用，因此在开挖时候非常容易发生塌方。图 2-17、图 2-18 显示了施工中所遇到的地下水渗出

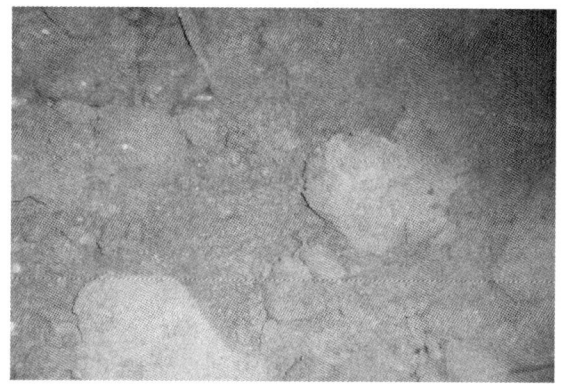

图 2-17 小河沟隧道拱脚渗水

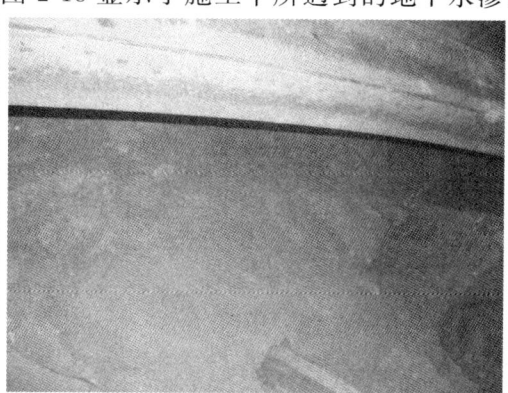

图 2-18 小河沟隧道拱顶渗水

现象。

2. 开挖对结构影响大

黄土由于本身地质条件的不同,在干燥情况下,黄土的承压较大,不过,当开挖后由于水的渗出,使开挖面不断受到的水的侵蚀,导致土层被破坏,会发生下沉现象,围岩也会遭到破坏,丧失原有的承载能力,严重影响初期支护,最严重的有可能出现喷混凝土开裂,格栅产生变形,最后失去自稳能力,致使坍塌的发生。

3. 施工困难

地下水的渗出在黄土隧道中极易发生漏水、坍塌事故,施工困难肯定远远大于其他隧道的施工,由于岩体强度低,承载力小,工程性质较差,受水的影响特别剧烈,导致土体发生饱和呈现流塑状体;受到水的作用,土体内存在的节理,开挖后容易顺着节理产生膨胀,出现偏帮和塌方。另外,黄土本身和水的作用,产生软化等一系列问题,威胁工程安全。

因此,在小河沟施工中的资料可以看出,存在水的地段,施工进度慢,施工难度大,所以说水的影响已经是黄土隧道施工中最大的,研究水对施工的困扰,也是目前黄土研究新的一个课题。

2.3.5 围岩类别

从围岩类别上看,黄土地区围岩和其他围岩相比,具有很多独特的特征,如孔隙大、裂隙较为发育、结构复杂,黄土围岩的这些特征也导致隧道开挖后围岩发生变形快、变形量大、变形时间长;同时在空间上表现不对称、不均匀的特点;施工过程中容易发生塌方等灾害,对工程的工期、施工人员的生命财产安全形成较大的威胁,特别是近年来,黄土地区隧道建设增大,开挖里程增加,并且施工难度更大,因此,加强对黄土隧道围岩本身特征和变形的分析更为重要。

黄土隧道围岩特征不仅能够很好表现黄土地质条件特征,也是关系到隧道支护工程的成败;通过对小河沟现场的实地勘测,其中对Ⅱ、Ⅲ类围岩的变形量进行统计,结果如表2-6所示,在隧道断面的各个位置,不管是围岩的变形位移,还是趋于稳定时间,在围岩变形位移大小、变形持续时间上,Ⅱ类围岩较Ⅲ类更大、更长。

表2-6 小河沟隧道Ⅱ、Ⅲ类围岩的围岩变形位移量及趋稳时间

类别	围岩变形位移量(mm)		趋稳时间(d)	
	周边收敛	拱顶下沉	周边收敛	拱顶下沉
Ⅱ类围岩	11.19~13.36	16.35~26.8	30~34	30~34
Ⅲ类围岩	6.373~10.87	8.44~13.4	21~26	20~27

2.3.6 岩土结构类型

岩土本身的结构由于其特点对工程施工有着重要影响,也是对隧道围岩质量评价的重要指标,其中围岩的变形和岩土结构存在联系。正常情况下,岩体结构之间的差异对变形有着

很大联系，岩体结构变差，弹性模量降低，围岩变形位移增加。通过大量数据的回归分析显示，围岩周边收敛 u 和弹性模量 E 存在着一定的关系[22]：

$$u = 81763E^{-1.1931} \quad (2.3)$$

其分析敏感因子 $S_E \approx 1.1932$。

从图 2-19 中可以看出，采用大型软件 origin 对数据进行拟合，得出两个变量之间的关系，从图中可以看出，弹性模量和围岩收敛值是负相关的，随着弹性模量的增加，围岩收敛值是逐渐减小，这样反映了在黄土隧道中的一个现实关系，地质条件是决定开挖隧道围岩的一个重要影响因素。

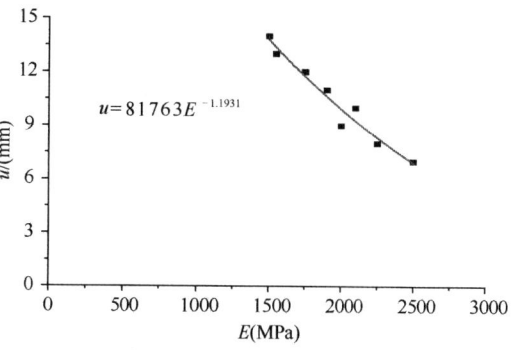

图 2-19 隧道周边收敛于弹性模量回归分析

2.3.7 地应力

黄土隧道工程所处的地质条件差，环境复杂，还有其他的多种因素的干扰和影响，隧道施工产生很多困难，特别是隧道开挖后，围岩产生的变形很难解决，变形大，支护难，一直以来都是黄土隧道遇到的重要问题。

黄土土层是在长期的过程中形成，在形成的过程中积累了一定的自稳能力，一般开挖之前，土体一直处于一种平衡状态，黄土的各项参数也较为稳定，当土体被开挖后，原有的应力平衡被打破，因此，需要建立一种新的平衡，也就是应力的重新分布，重新分布可能产生局部应力过大，如果应力超出了土体的屈服强度，围岩原有的自承能力也就破坏，如果不能及时得到支护，可能产生破坏等稳定性问题[23-24]。

黄土隧道中围岩变形的大小和地应力有着密切的关系，应力增大，变形也会增大[25]；隧道中引起变形的应力分为两种，一种是垂直应力，另一种是水平应力；当隧道中垂直应力分布较多时，拱顶产生位移较大；当隧道中水平应力为主时，导致周边的收敛位移增大，从小河沟工程现场看，围岩变形较大的地方，一般处于浅埋层地区。

2.3.8 开挖方法

隧道开挖方法很多，针对在不同地质条件和不同的外界环境下所选择的施工开挖方法也不同，经常使用的有明挖法、盖挖法、盾构法、浅埋暗挖法和三台阶七步开挖法等，不同的开挖方法具有各自的优劣点，并且对隧道围岩具有不同的影响程度[26]。根据小河沟隧道工程中，所遇到的膨胀性黄土的工程特性和地质条件分析，我们采用三台阶七步开挖法，很有效的控制了围岩变形。图 2-20 围岩的压力变化时程曲线。

利用数值分析的方法，得到围岩周边

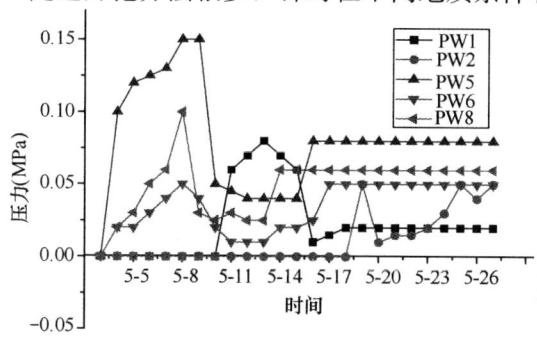

图 2-20 围岩的压力变化时程曲线

的应力分布和大小；其中围岩的主应力决定了围岩状态，为了便于和现场数据的对比，对压力盒相对位置处的最大主应力通过采用数值模拟方法提取，图 2-21 是小河沟隧道围岩各个状态的九个点的主应力图，分别是开挖初始阶段、第一步、第三步和第七步开挖稳定后阶段[27]。

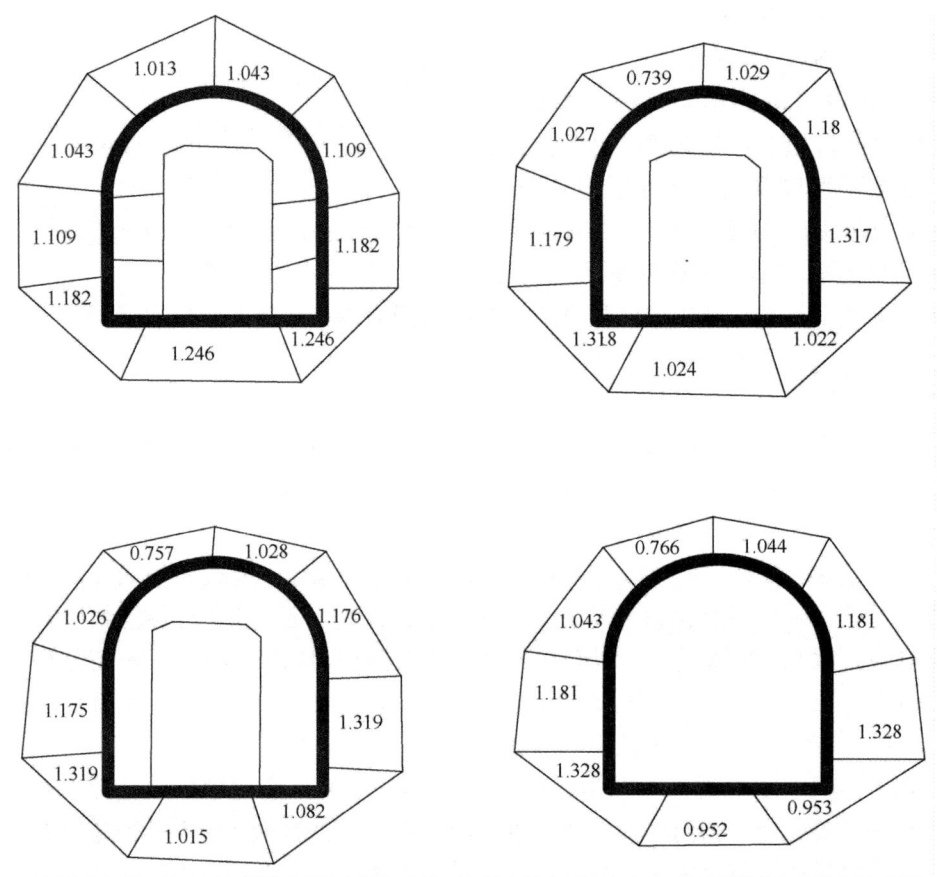

图 2-21　隧道周边围岩最大主应力变化图（单位：MPa）

2.3.9　支护方法

支护结构的主要作用就是保证隧道保持具有的空间，而不至于发生围岩变形，并能够具有承受较多荷载的作用，目前在隧道中常使用的几种支护分为以下几种：

1. 刚性支护

刚性支护常在大断面隧道中使用，它具有较大的刚度和强度，能够承受很大的压力；刚性支护一般使用混凝土现浇，从结构上分为贴壁式和离壁式两种，前一种与围岩之间紧密贴合，防渗水的效果不好；后一种和围岩没有直接接触，容易发生破坏。

2. 柔性支护

柔性支护基于现代支护理论而得到发展，不仅可以及时支护，而且可以提供较大的承载能力；由于柔性支护可以利用围岩的自承能力，可以允许产生一定的变形；其中锚喷支护是柔性支护的代表。

3. 复合支护

复合支护方式是刚性支护和柔性支护的结合，能够利用二者具有的优点充分发挥；常采用对初期支护采用柔性支护，二衬采用刚性支护，这种支护方式是应用在地质较为复杂的条件下，也是国内较为先进的一种支护方式，这种方式加强了软弱岩的力学特征，保证了围岩稳定。

通过上述分析，隧道支护要根据其地质特征选择合理的支护方法，小河沟隧道支护通过对比试验确定采用型钢复合型支护。因为膨胀性黄土隧道开挖后变形能力强，如不进行有效的直接支护，很可能造成隧道断面的收缩，或是围岩裂隙的发育，甚至导致围岩的坍塌。所以采用格栅网格支护不适用于膨胀性黄土隧道施工，型钢支护能够满足即时支护的要求，并且能够提供后期所需要的足够支护力，因此选用型钢复合型支护方法。

黄土隧道中大断面的围岩变形，通过对应力场进行不断调整，最后进行重新分布达到最后的平衡和稳定，通过小河沟黄土隧道工程现场监测，特别是对围岩变形量的监测，来分析大断面围岩变形情况。

2.3.10 施工组织管理

施工组织管理作为最为重要的一部分，贯穿到整个工程的始终，从工程的设计、施工准备到施工方法确定、施工人员的安排等都涉及施工组织管理，可能由于施工组织的不完善造成施工中围岩变形破坏失稳，因此注意每个细节，严格按照管理规定进行施工，在整个施工中，组织管理主要体现在以下几个方面：

1. 施工方法选择

施工方法的是否正确在黄土隧道中尤为关键，因为本身黄土地质条件较差，不同的方法可能产生不同效果。一定按照地质勘测资料，经有关专家进行论证，然后选择具体的方法进行施工开挖；这些具体步骤应该形成一个体系，这也是施工组织管理的一部分。

2. 监控量测

监控量测是工程的非常重要的工作，在具体操作中形成有专门组织监测的部门，进行每段、每项工序的监测工作；在黄土隧道中，涉及开挖后隧道内外观测、拱顶沉降、净空收敛、地表沉降等几项重要的步骤，因此形成一个完善的监测系统很关键。

3. 施工人员

任何工程中，施工人员都是整个工程的核心，所以，施工人员在施工中体现出来的技术水平、判断问题的思维、解决问题的能力都是工程能够顺利完工的保证，特别是黄土隧道这种较为复杂的工程建设中，更要求工程施工人员有更高的素质。施工组织人员形成以项目经理负责的一个团队，各人分工要明确，建立奖惩制度，这些措施都是保证工程顺利进行的关键。

参考文献

[1] SHIH, GOODMAN R E. Two dimensional discontinuous deformationanalysis [J]. International Jour-

nal for Numerical and Analytical Methods inGeomechanics，1985，9（6）：541-556

[2] 欧阳院平，高速铁路大断面黄土隧道施工数值模拟[D]．成都：西南交通大学，2006

[3] 朱泽兵，张东明，浅埋、富水、软弱黄土地段隧道施工技术[J]．地下空间，2001，21（2）：134-137．

[4] 冯玉国．灰色优化理论模型在地下工程围岩稳定性分类中的应用[J]．岩土工程学报，1996，18（3）：62-66．

[5] 张伟；大断面黄土隧道稳定性参数指标研究[D]；铁道部科学研究院；2007

[6] 孙钧．岩土力学与地下工程结构分析分析的若干进展[J]．力学季刊．2005，26（3）：329-338

[7] 肖明，叶超，傅志浩．地下隧洞开挖和支护三维数值分析计算[J]．岩土力学，2007，8（12）：2501-2505．

[8] AxildPalmstrom．Characterizing Rock Mass by the RMI for Use in Practical RockEngineering [J]．Tunneling and Underground Space Technology，199611（2）：175．188．

[9] 乔春生，管振祥，腾文彦．饱和黄土隧道变形规律研究[J]．岩土力学，2003（24）：225-230．

[10] 祝云华．钢纤维喷射混凝土力学特性及其在隧道单层衬砌中的应用研究[D]．重庆：重庆大学，2009．

[11] 段慧玲，张林．大跨度公路隧道合理开挖方法对比研究[J]．土木工程学报，2009，09：114-119．

[12] 单士军．软弱围岩公路隧道开挖支护施工过程研究[D]．成都：西南交通大学，2005

[13] 张良刚．特大断面板岩隧道围岩变形特征及控制技术研究[D]．北京：中国地质大学，2014．

[14] 杜文敏．大断面瓦斯隧道开挖工法及支护设计数值模拟研究[D]．成都：西南交通大学，2014．

[15] 刘丰铭．浅埋偏压小净距黄土隧道围岩稳定性研究[D]．重庆：重庆大学，2013．

[16] 来弘鹏，谢永利，杨晓华．不同应力场软弱围岩隧道施工力学特征的数值分析[J]．公路，2009（10）：239-244．

[17] 鹿江．复杂地质条件下公路隧道受力性状分析及结构可靠性评价[D]．西安：长安大学，2010．

[18] 扈世民．大断面黄土隧道围岩变形特征及控制技术研究[D]．北京：北京交通大学，2012．

[19] WUFa—xian, Method to calculate engineering parameters of $rock\ mass$, 8th ICRM, 1995. 9, Rock Foundation, 115-118.

[20] 杨建民．郑西客运专线超大断面黄土隧道支护参数研究[J]．铁道工程学报，2004（z1）：149-151．

[21] 杨建民．郑西客专超大断面黄土隧道支护参数研究[J]．科学技术通讯，2005（3）：1-4．

[22] 王登刚，刘迎曦，李守巨等．巷道围岩初始应力场和弹性模量的区间反演方法[J]．岩石力学与工程学报，2002，21（3）：305-308．

[23] 陈峰宾，张顶立，扈世民等．基于收敛约束原理的大断面黄土隧道围岩与初支稳定性分析[J]．北京交通大学学报：自然科学版，2011，35（4）：28-32．

[24] 张海彬．软岩隧道围岩的应力应变分析[J]．铁道建筑，2011（12）：72-74．

[25] 李晓红，李登新，靳晓光等．初期支护对软岩隧道围岩稳定性和位移影响分析[J]．岩土力学，2005，26（8）：1207-1210．

[26] 焦苍，祝江林，范鹏等．浅埋软岩隧道开挖围岩变形非线性模拟分析．[J]．地下空间与工程学报，2005，1（5）．

[27] 路刚．三台阶七步开挖法黄土铁路隧道围岩变形规律研究[J]．土工基础，2013，26（6）：54-58．

3 膨胀性黄土隧道围岩工程特征

3.1 膨胀性黄土隧道工程特性

3.1.1 膨胀性黄土的胀缩性

1. 膨胀土膨胀性理论

胀缩性是膨胀土的一个鲜明特征，遇水膨胀，失水收缩，胀缩性反复发生。膨胀土具有这种特征给工程带来了极大的危害，黄土具有的胀缩性不仅在膨胀土中存在，已有工程发现，黏性土由于水的影响也会产生一定的胀缩变形，因此，一旦在工程中发生胀缩性，可能造成整个工程的破坏；认真分析胀缩性的机理，很多学者对其进行了许多研究，将胀缩性形成机理归结为三种：矿物学理论、化学理论和力学理论。

从矿物学理论分析认为，膨胀土和其他的一些黏性土发生胀缩性的原因归结为其矿物成分和结构特征，正是由于膨胀土中含有极易溶于水的矿物成分如高岭石、蒙脱石等，再加上膨胀土本身的结构破碎性，都是引起膨胀土胀缩机理的重要因素（廖世文[1]，1984；Grime R E[2]，1986；Loughnham F C[3]，1969；Mitchell J K[4]，1976）；分析可能膨胀土存在的化学原理，黄土中含有的粘性颗粒表面发生阳离子交换，也会形成胀缩（Mitchell J K，1976；Ingles O G[5]，1968）。

从力学理论的角度解释胀缩性的机理，首先将力学理论分为有效应力理论、毛细管理论和弹性理论三种；水的侵蚀，导致岩体软化，岩体失去承载力；同时膨胀土中的裂隙的发育为水的流通提供了通道，加剧了这种作用；水的存在，也使土体之间的胶结物连接性削弱，土颗粒在压力作用下发生位移，和水产生物理力学效应引起胀缩。

通过对以上三个方面的分析，胀缩性受到矿物成分、本身结构、离子交换和水-土粒的力学效应等，归结起来可以认为，一方面是从宏观上来表述胀缩性形成机理，另一方面则是从微观角度来分析胀缩性。

所以，对膨胀性黄土的膨胀机理还有待于进一步的研究，现在的研究理论只是从特定方面进行解释，因而，只能部分适用。

2. 膨胀土胀缩等级分类

（1）美国对膨胀土的胀缩等级分类如表3-1所示[6]：

表3-1 美国膨胀土的分类标准

膨胀程度	塑性指数I_p	缩限ω_s（%）	膨胀体变δ_p（%）	胶粒的含量（<0.001mm）
特强	>35	<11	>30	>28

续表

膨胀程度	塑性指数/I_p	缩限/ω_s（%）	膨胀体变 δ_p（%）	胶粒的含量（<0.001mm）
强	25~41	7~12	20~30	20~31
中等	15~28	10~16	10~20	13~23
弱	<18	>15	<10	<15

（2）铁道部《铁路工程特殊岩土勘察规范 TB 10035.2002》标准

从我国黄土建设的实际出发，特别是涉及膨胀土的工程施工，膨胀土的地质条件往往是工程建设的重点，因此确定膨胀土中各项参数和矿物成分，对于做好工程前期的设计工作显得很重要，因此，铁道部根据膨胀土中自由膨胀率、蒙脱石含量和阳离子交换量对其进行分类。

表3-2 铁路工程岩土分类标准中膨胀土的分类

分类 指标	弱膨胀土	中等膨胀土	强膨胀土
自由膨胀率 F_s（%）	$40 \leqslant F_s < 60$	$60 \leqslant F_s < 90$	$F_s \geqslant 90$
蒙脱石含量 M（%）	$7 \leqslant M < 17$	$17 \leqslant M < 27$	$M \geqslant 27$
阳离子交换量 （mmol/kg）	$170 \leqslant CEC(NH^+)$ <26	$260 \leqslant CEC(NH^+)$ <360	$CEC(NH^+) \geqslant 360$

3. 膨胀土胀缩指标分析

胀缩性是影响膨胀土稳定的重要因素，分析膨胀土的胀缩性指标，判断指标之间的关系，科学的分析每个指标，并通过数值方法寻求相关性较大的指标，这样可以建立函数关系式，这些都不仅关系到能否正确、科学的预判膨胀土的性质，更重要的是关系到膨胀土类工程能否顺利完工。因此，分别从界限含水量、胀缩率、粒度组成、自由膨胀率、比表面积和阳离子交换量和矿物成分等六个参数说明膨胀性黄土的性质[7]。

（1）界限含水量

界限含水量作为膨胀土性质的一个重要指标，反映了膨胀土中水的作用，从另一个角度反映了土粒和水作用的程度，从界限含水量的数值上看出膨胀土的亲水特性；这个参数在膨胀土中受到其他因素的多重影响，除了土粒成分、交换比表面积，还和土结构，裂隙结构有关；并且一般情况下，界限含水量是通过液限、塑限和缩限进行界定；

（2）胀缩率

胀缩率反映了膨胀土特征的一个重要指标，也反映了其所含矿物成分指标和结构特征，胀缩率同时也反映了当膨胀土发生胀缩的能力大小；膨胀率的大小也直接体现了膨胀土的稳定性；膨胀率越高，结构越不稳定；因此，分析膨胀土的胀缩率对于分析膨胀土结构的稳定性非常关键。

（3）粒度组成

黄土的粒度组成不仅反映了黄土组成的粒径大小，而且显示了膨胀土结构的工程性质参数指标；如土粒组成中若含有蒙脱石或是伊利石等，这些矿物成分极易吸水膨胀；因此研究分析膨胀土的粒度组成来判定膨胀土。

(4) 自由膨胀率

自由膨胀率也是反映膨胀土胀缩的一个重要指标，自由膨胀率和胀缩率的不同，在于自由膨胀率是在正常情况下发生膨胀的能力；自由膨胀率的大小主要是和所含矿物成分的差异，当含有蒙脱石等极易吸水膨胀的物质，自由膨胀率就很高。

(5) 比表面积和阳离子交换量

比表面积和阳离子交换量从电性的角度分析膨胀土的性质，通过交换量的多少可以判断膨胀土中所含矿物成分的含量，从而可以分析膨胀土的结构和特征，进一步为判定膨胀土的稳定性提供保证。

(6) 矿物成分

不同类型的膨胀土结构含有的矿物成分肯定不同，矿物成分和土的物理、化学性质都紧密相连，同时在膨胀土中，矿物成分也不尽相同，可以根据矿物成分的含量来判断膨胀土的结构；同时也可以对矿物成分进行分析研究，针对不同的矿物成分对黄土隧道结构可能造成的影响做出相应的施工调整；在研究分析矿物成分的同时，了解每种矿物成分的作用机理，以及对膨胀土的胀缩性和抗剪强度等做出判断。

4. 膨胀土膨胀特性指标

膨胀土土粒组成中因为含有亲水性物质而具有较强的膨胀性，因此膨胀土的膨胀性越强，说明所含的极易吸水的蒙脱石和伊利石等矿物含量越高；同时由于膨胀土是属于沉降年代较为久远，固结程度较好，其压缩性较小；以上的这些特点构成了膨胀土独有的工程地质特征；对于膨胀土和水的作用机理，一般认为，土和水形成一个体系，水的作用引起土中应力的变化，因而可以导致黄土的胀缩；膨胀土的胀缩非常明显，当水较少时，膨胀土处于少水或是干燥状态时，体积不发生变化，当遇水时，膨胀会十分显著；所以，在工程中，膨胀土的含水量来判定膨胀土的胀缩。

膨胀土的天然含水量是在自然状态下，膨胀土含水量的大小；它受到多种因素的影响，如土类型、气候和地下水的作用，此外，天然含水量还受到荷载的作用；当土体遇到水时发生膨胀，当外部荷载阻止这种膨胀的进行，当膨胀力小于外部应力时，膨胀就不能进行，这也是在工程实践中，具有较大自重荷载的建筑物在黄土地质条件不容易发生破坏的原因之一，当然，一旦膨胀土的膨胀系数较大，突破了荷载的束缚作用，那么工程的破坏就在所难免。

可以明显的看出，膨胀土的胀缩特性，主要受到含水量的影响，同时，还受到干密度的影响；为了防止围岩产生较大的变形，就要对两个因素进行研究分析；除了两个重要因素以外，也和矿物成分、外部荷载和液限、塑限关系密切[8~10]。

(1) 膨胀性特性指标

① 自由膨胀率（δ_{ef}）：

自由膨胀率表现了土体在自然状态下，也就是没有任何外力限制情况下发生的膨胀情况；从数学表达上则是自由状态下吸水稳定后，体积和原体积之间的比率；通过数学表达式也能清楚的看出，自由膨胀率和土结构没有联系；自由膨胀率在工程实际中也没有太大的工程意义，仅仅一定程度上反映了膨胀土的吸水矿物成分；对于自由膨胀率的测定，使用试验操作较为简单、方便，在工程中，通常是被用来作为衡量膨胀土的胀缩趋势。

② 无荷膨胀率（δ_e）：

无荷膨胀率反映了没有任何限制下，遇水后，土体在垂直方向，也就是膨胀量高度和原始高度的比值，用百分数表示：

$$\delta_e = \frac{Z_t - Z_0}{h_0} \times 100 \tag{3-1}$$

式中　δ_e——时间为 t 时的无荷膨胀率，％；

　　　Z_t——时间为 t 时的位移计读数，mm；

　　　Z_0——位移计的初始读数，mm；

　　　h_0——试样的初始高度，mm。

③ 体积膨胀率（δ_v）：

体积膨胀率表现了反映了在膨胀土在原状条件下，即没有任何荷载下，土体的体积膨胀增加量和原始体积的比率，用百分数表示：

$$\delta_v = \frac{V - V_0}{V_0} \times 100 \tag{3-2}$$

式中　δ_v——体积膨胀率，％；

　　　V——膨胀稳定后的体积，mm³；

　　　V_0——试样的初始体积，mm³。

体积膨胀率试验是通过模拟地基，并在工程中产生三维空间变形作为基础，还可以称为三向膨胀试验；同时考虑到试样是在没有任何限制条件下的吸水，容易发生崩解，故一般情况下只进行无荷膨胀率的测定。

④ 有荷膨胀率（δ_{ep}）：

有荷膨胀率指的是在受到侧向限制条件下，同时保证是原状土或已经固结完成的土体，受到上覆自重或是其它荷载条件，吸水后，沿着垂直方向膨胀的增加量和初始高度的比率，用百分数表示：

$$\delta_{ep} = \frac{Z_p + \lambda - Z_0}{h_0} \times 100 \tag{3-3}$$

式中　δ_{ep}——某荷载下的膨胀率，％；

　　　Z_p——某荷载下膨胀稳定后的位移计读数，mm；

　　　Z_0——位移计的初始读数，mm；

　　　λ——某荷载下的仪器压缩变形量，mm；

　　　h_0——试样的初始高度，mm。

有荷膨胀率从公式中可以看出，有荷膨胀率除了和荷载膨胀率位移大小和原始大小的差值外，还要加上荷载条件下仪器压缩变形量；并且从另一方面有荷膨胀率显示了荷载和膨胀土联系密切；通过有荷膨胀率可以进行分级，来判断土体膨胀量。

⑤ 膨胀力（P_e）：

膨胀力反映了膨胀土在遇水膨胀后，有外力存在且限制了其向外发展，这个外力的最大值；为了测试膨胀力，通常用工程中原状土或是其他已经完成固结的土体，使其遇水膨胀后，采用加荷平衡的方法，来测定体积稳定后所承受的最大压力，可通过下式表示：

$$P_e = \frac{W}{A} \times 10 \tag{3-4}$$

式中 P_e——膨胀力，kPa；

W——施加在试样上的总平衡荷载，N；

A——试样面积，cm^2。

通过上式可以计算出土体的膨胀力，然后根据计算的结果做出是否符合工程实际的原则，并通过足够的附加荷载用以对膨胀力的限制，或者是通过固定结构，使其具有一定的强度，防止围岩变形，一定保证不能出现设计荷载小于膨胀力，这会直接导致建筑物的破坏。

(2) 收缩特性指标

收缩性是膨胀土的另一个重要特征，收缩性主要是和膨胀性是相对应的，当外界环境干燥蒸发或是其他情况下失水时候，膨胀土会发生收缩，含水量减到一定程度，体积不再变化；在工程中也是通过收缩性判定膨胀土的性质特点。

① 体收缩率（δ_v）：

体收缩率是指的原状土或是扰动土样，在失水稳定后体积发生缩减后和初始体积的比率，用百分比表示：

$$\delta_v = \frac{V_o - V_d}{V_0} \times 100 \tag{3-5}$$

式中 δ_v——体收缩率，%；

V_d——烘干后试样的体积，mm^3；

V_0——试样的初始体积，mm^3。

② 线缩率（δ_{si}）：

线缩率分为两种，一种是垂直线缩率，另一种是水平线缩率；它指的是土体体积收缩稳定后在垂直方向或是水平方向上的收缩量和初始高度比率，使用百分数表示：

$$\delta_{si} = \frac{Z_t - Z_0}{h_0} \times 100 \tag{3-6}$$

式中 δ_{si}——时间为 t 时的线缩率，%；

Z_t——时间为 t 时的位移计读数，mm；

Z——位移计的初始读数，mm；

h_0——试样的初始高度，mm。

③ 缩限：

缩限通过图形（如图 3-1 所示）来表示，用线缩率为纵坐标，含水率作为横坐标，通过延长两个阶段之间，使其相交，交点所对应的横坐标即为缩限。

④ 收缩系数（λ_n）：

收缩系数可以用图 3-1 表示，它可以用含水量每减少 1% 时的线缩率来表示，也可以用Ⅰ阶段的斜率表示，用线缩率减少量和含水增量的比率表示：

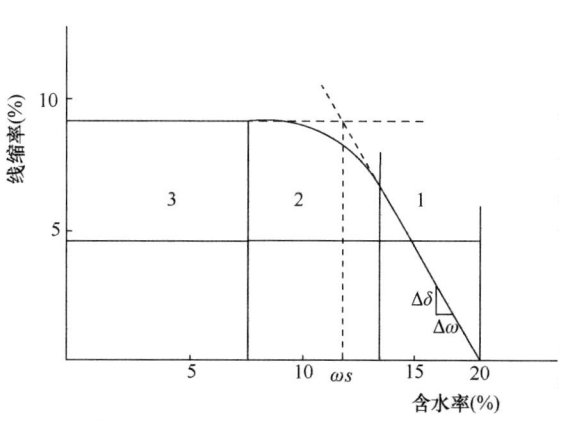

图 3-1 胀缩率与含水率关系图

$$\lambda_n = \frac{\Delta \delta_{si}}{\Delta \omega} \tag{3-7}$$

式中 λ_n——收缩系数；

$\Delta \omega$——收缩曲线上第Ⅰ阶段两点的含水率之差，%；

$\Delta \delta_{si}$——与 $\Delta \omega$ 相对应的两点线缩率之差，%。

通过使用收缩系数这个参数，可以很好的反映出土体的收缩性质，还有变形量和含水率之间的关系；因此可以直接作为地基收缩变形的定量计算。

膨胀土的胀缩性质对工程安全稳定性起着关键作用，土体的膨胀直接引起地基的开裂或是建筑物的破坏，因此一定要认真分析土体的膨胀性质，弄清楚其胀缩机理，掌握其变形规律，这样就可以估算其胀缩变形，为以后工程的设计提供参考[11-12]。

3.1.2 膨胀性黄土的多裂隙性

膨胀性黄土裂隙较为发育，这是膨胀性黄土的一个明显特征，裂隙发育对膨胀性黄土具有很大的破坏作用，可以为地下水或是雨水提供渗流通道，切割完整岩体，使岩体承载力下降等，因此要认真分析裂隙的发育规律；从大量的数据和资料中可以知道，膨胀土的裂隙是土体最早形成的土体风化和胀缩机理形成的产物，并且其形成过程是一个非常复杂的过程；裂隙的形成不仅和上述原因有关，而且还和裂隙形状、组合和填充物有关，裂隙的存在对膨胀土的裂隙的稳定性和连续性都会造成破坏，降低土的强度。

1. 膨胀土裂隙的分类[13]

（1）按裂隙成因分类

① 构造裂隙

来自地球内部的能量引起的地质体的变形统称为构造运动，既包括引起地壳的变形，也包括变位的机械运动；构造运动也是膨胀土裂隙形成的主要运动形式，根据构造运动的形式，可以将裂隙的发育分为两种形式，一种是张裂隙，一种是剪裂隙；张裂隙是在张应力作用下形成的裂隙；剪裂隙则是在主地应力下形成的裂隙。由于构造运动应力场的分布具有一定的区域性，因此张裂隙和剪裂隙在不同区域具有不同的组合性，而同一区域，两种裂隙也具有很大的相似性。

② 原生裂隙

原生裂隙形成在膨胀土的形成过程中，对于原生裂隙的形成，是受到包括温度、湿度和压力在内的外部环境的影响，还有一个重要的因素就是，在原生裂隙的过程中，膨胀土受到不均匀的胀缩效应作用。

③ 膨胀性裂隙

膨胀性裂隙显而易见，膨胀性裂隙跟膨胀土的胀缩性关系密切；因此再进一步，土体中的矿物成分、粒组组成和膨胀性裂隙的发育有着直接关系；膨胀性裂隙在一定程度上也反映了其胀缩性，当裂隙较少时，连通性较差，所以其胀缩性就降低，当裂隙较多时，土体结构的连通性较好，胀缩性也就越高。

④ 卸荷裂隙

卸荷裂隙的产生是受到负地形拉应力的影响，而对于负地形的产生，它主要是土体在受到外界流水冲刷，内部原有土体自然平衡遭到破坏形成负地形；卸荷裂隙根据其成因分为两个类型，一种是原生的裂隙发生张开后形成，另一种则是直接作用形成的裂隙；卸荷裂隙的走向一般平行于负地形应力分布，裂隙的密集程度也受到负地形的影响，越是靠近负地形，裂隙较为密集；远离负地形，裂隙变得稀疏[14]。

（2）按裂隙空间分类

对于裂隙的分类方式可以有多种，常见的两大类，一种是按照构造进行分类以外，另一种是对裂隙按照空间进行划分，可以分为水平方向裂隙、垂直发育裂隙和斜交裂隙三种，膨胀性黄土中，主要是以水平和垂直方向的裂隙为主。水平裂隙主要受到的是水平应力的作用，特别是受到沉积和胀缩效应引起；垂直裂隙的形成原因是垂直方向发生的张力；而当有雨水渗入时，裂隙又是水的通道，水平裂隙导致四周流动，垂直裂隙则使水向深处下渗。

2. 膨胀土裂隙的度量指标

膨胀土的裂隙的发育直接影响了土体的稳定性，对于裂隙的发育，受到多方面的限制，如因为裂隙发育在岩体内部，对监测缺乏有效的分析，对于裂隙的描述一般不能很好的反映实际情况；并且对裂隙的发育没有深入的研究；因此，本文对以往裂隙的定性描述的总结，对膨胀土裂隙的发展和演化规律进行详尽的分析，为在工程中解决稳定性问题提供一定的指导[15]。

（1）裂隙的定量化描述指标（如表 3-3 所示）

（2）膨胀土裂隙的分布与发育规律

① 原生裂隙

原生裂隙的发育是一个长期的过程。在膨胀土中含有大量的粘粒成分，主要是蒙脱石或其他的一些矿物成分；这些矿物成分有一个显著的特点，就是胀缩性较为明显，在膨胀土沉降的过程中，他们以胶体的形式分布，并随着水分的蒸发而逐渐发生凝固，而裂隙会因为土体收缩得到进一步发育，在后期雨水作用下，裂缝封闭，膨胀土形成沉积，这就是原生裂隙的形成过程。

表 3-3 裂隙的定量化描述指标

定量化描述指标		定义	研究意义
裂隙产状	走向	走向是指裂隙在水平上的延展方向。	裂隙产状是描述裂隙在三维空间中的延伸方位及倾斜程度的量，是研究裂隙成因和性质的必要参数。
	倾向	倾向是指裂隙面上垂直于走向并沿裂隙面向下的方向。	
	倾角	倾角是指裂隙面上的倾斜线与其在水平面上投影之间的夹角。	
裂隙长度		由于裂隙网格的存在，一般认为单独的一条不与其他列席相交的裂隙，其长度可直接测量。	
裂隙宽度		裂隙宽度是指裂隙张开宽度。	裂隙难度值越大表明裂隙对土体影响的范围和深度也就越大。
裂隙深度		裂隙宽度是指裂隙张开的宽度。	裂隙深度对土体的力学和渗透性质影响很大，深度与大影响很大。

续表

定量化描述指标		定义	研究意义
裂隙密度	线密度	线密度是指单位线段与裂隙相交的点数	裂隙密度是评价裂隙发育程度的重要指标,也是裂隙对土体工程性质进项定量评价的基础。
	面密度	面密度是指单位面积土体上裂隙长度之和	
	体密度	体密度是指单位土体裂隙面的总面积	

原生裂隙由于矿物成分的含量不同,裂隙发育也不同,在蒙脱石等矿物含量较多时,裂隙就较为发育,裂隙且多为网状裂隙形态。

② 次生裂隙

膨胀土在复杂地质条件以及人为因素影响下,土体原有的平衡遭到破坏,重新建立平衡的过程中,不仅形成了新的裂隙,而且最早形成的原生裂隙发生张裂形成次生裂隙。这些裂隙受环境和人为因素的影响很大,是膨胀土工程中最具威胁的因素;次生裂隙的形成和发育主要受到以下几个因素的影响:

(1) 气候与地形地貌

气候条件变化是影响次生裂隙发育和生长的一个重要因素,气候的变化主要是通过干湿条件的变化,由于水分在大气中的不断移动,其中大气中的水含量也不同,会在膨胀土中形成以垂直方向为主的变形;随着时间的推移,由于变形引起的裂隙逐渐发育扩展,最后形成比较明显的次生裂隙;地形地貌是对次生裂隙发育和生成起着促进作用,只有在平坦地形上,或是坡面场沿着等高线进行发育。二者的共同作用能够加速对土体等地质灾害作用。

(2) 特殊的水文地质条件

特殊的水文地质条件对裂隙的影响是通过水的影响,首先,由于膨胀土通常是在长期的过程中形成的,基本上已经完成固结以后的土体,一般渗透系数较小,正常情况下可以认为是不透水的,但是裂隙的存在正好为雨水的渗漏提供通道,水流的渗入,会导致整个土体发生软化,造成稳定性破坏。

(3) 人为因素

人为因素也是破坏原有土体平衡的一个重要因素,当达到新的平衡时,其中含有的水会按照新的条件和环境进行转移,同时该平衡涉及的胀缩变形也会发生变化,并导致新的平衡,这样致使新的次生裂隙产生。

3.1.3 膨胀性黄土的超固结性

超固结性是膨胀土的一个比较显著的特征,黄土在形成的过程中,是特别长的历史阶段,这个长期过程中,膨胀土承受着较大的上覆承载力,导致土体已经完全发生固结或是部分固结,它的形成主要存在多种因素引起的[16]。

(1) 膨胀土形成的过程受到外部条件的影响,特别是长期的上部被流水冲刷发生剥蚀,上覆土层去除导致荷载减小,使膨胀土发生超固结。

(2) 膨胀土由于受到长期的水的作用，甚至地下水位的持续下降后引起渗透压力的改变，使其作用在土层上，致使膨胀土发生超固结。

(3) 在风化作用下，水分的不断改变引起的膨胀土发生胀缩反映，致使孔隙比减小，形成超固结；地质历史上存在的冰川作用使原有的土层变的更加紧密，形成超负荷结构，当上覆压力消除后形成超固结。

(4) 在受到不同地质作用下，使土层上部发生改变或是被剥蚀引起膨胀土的超固结；另外就是膨胀土的矿物成分或是其他物理化学作用导致的超固结。

可以看出，膨胀土的固结作用受到多种因素的影响，且固结作用不一定是单一因素的影响，而是多种因素共同作用的结果；除了上述提到的影响原因，人类的活动在一定程度上也加速了超固结的形成。认识超固结土，要区别和正常固结土的不同，超固结土具有良好的结构，形成的时间较长，能够在一定范围内具有抗压缩、抗剪切的能力。

3.1.4 膨胀性黄土的变形特性

近年来，许多专家学者对膨胀土的变形特征进行了大量的理论和应用研究，取得了许多有益的成果，为工程建设的发展起到推动作用，但是由于对膨胀土变形机理并没有被充分认识，因此还需要许多问题亟待解决；特别是膨胀土中工程发生的围岩失稳的问题，越来越受到人们的关注。

膨胀土最明显的一个特征是胀缩性，遇水膨胀且发生无侧限吸水，膨胀土吸水后容易发生崩解，崩解性的大小受到膨胀土类型的不同而不同，弱膨胀土发生崩解的时间较长，且发生的是不完全崩解，强膨胀土发生崩解的速度很多。

膨胀土的变形是一个十分复杂的过程，经研究发现，膨胀土除了对应力路径具有依附性以外，也容易受到初始含水量和水循环的影响；通过直剪和三轴试验，结果显示：水循环和不同饱和度的膨胀土其应力强度和变形指标都不同。

因此，对于膨胀土的变形问题，是一个含有多种因素进行交织共同作用的结果，要想了解膨胀土的变形规律，通过在不同含水量和复杂应力下进行试验分析研究。

3.1.5 膨胀性黄土的风化侵蚀特性

气候条件的影响是膨胀土产生风化、剥落的主要原因；在研究黄土形成的长期过程中，曾经一度认为岩石的风化是引起黄土形成的原因，随着新的证据的出现，风力作用形成黄土高原的论断占据了上风；由此也说明了风化侵蚀对黄土的影响程度。

由地表向下风化作用程度逐渐减弱，一般可分为三个带，如表 3-4 所示。

表 3-4 地表向下风化作用程度

名称	位置	厚度（m）	状态
强风化带	地表或边坡表层	1.0	裂隙极发育，土体碎裂多呈砂砾与细小鳞片状
弱风化带	位于强风化带之下	1.0~1.5	裂隙发育，呈张开状，土体割裂剥成碎块状
微风化带	位于弱风化带之下	大于1.0	裂隙不太发育，呈闭合状，土体多呈棱块状、短柱状等块体

1. 土壤侵蚀方式分类

土壤发生侵蚀是不同作用下形成的，土壤侵蚀是土质遭受转移、剥蚀的过程，而对土壤发生侵蚀作用起到关键作用的是其侵蚀应力，然后可以根据应力的不同进行分类。黄土高原土壤侵蚀方式可分为 6 类 14 亚类。如表 3-5 所示：

表 3-5 黄土高原土壤侵蚀方式分类表

侵蚀类	侵蚀亚类	侵蚀形态	分布
水力侵蚀	面状水力侵蚀	鳞片状溅蚀坑，片状侵蚀斑痕，细沟侵蚀	塬面、梁、峁顶
	线状水力侵蚀	浅沟、切沟、冲沟、河沟侵蚀	黄土塬、梁、峁顶
	潜蚀、溶蚀	陷穴、洞穴、盲沟、蝶形洼地	塬边、缓坡坡地及沟头
重力侵蚀	滑坡	滑坡松散堆积体	>25°斜坡、塬、台塬边坡
	崩塌	崩塌散落物等堆积体	>50°陡坡、塬、台塬边坡
	错落	整体结构装堆积体	>45°陡坡、塬、台塬边坡
	泄流、剥落	锥状、松散堆积体	>30°二趾马红土、古土壤
风力侵蚀	风力吹蚀	吹蚀条痕、吹蚀穴、风蚀洼地	黄土高原北部尤甚
冻融侵蚀	冻融泥流	冻胀裂隙、泥流坡、泥流谷	含水量较高的松散物组成的斜坡
	冻融蠕动	蠕移泥流	
动物侵蚀	动物挖掘	洞穴、松散堆积体	缓坡、塬边、沟底
	动物踩踏	松散土体	塬、梁、峁坡地
人为侵蚀	人为直接侵蚀	弃土、弃渣，移动堆积土体	矿区、居民点、交通线
	人为间接侵蚀	陡坡耕垦、破坏森林草地	呈面状广布

2. 侵蚀方式的季节变化

水力、风力、冻融、人类活动和气候变化是造成土壤侵蚀的常见因素，并且对于气候对土壤的侵蚀作用还具有一定的季节性变化。其中在春季，即每年的 3、4 月份，气温开始回升，原有存在冻土的地区开始解冻，昼夜温差较大引起了侵蚀加剧，在含水量多的地区容易形成冻融泥流。并且，春季是风最为常见的季节，因此风力侵蚀十分明显；到了 4、5 月份，草木开始生长，动物活动范围加大，因此动物对土壤也会造成侵蚀；6 月以后，进入夏季，雨水开始增多，水力侵蚀则更为严重，会一直持续到 9 月份，10 月后，也是动物开始准备储存食物的季节，因此侵蚀较为严重；从 11 月到来年的 1、2 月，侵蚀作用就不是很明显了[17]。

从以上可以分析得知，黄土地区发生侵蚀受到多种作用，因此侵蚀会产生季节性变化，春季为风力为主，夏季主要是水力侵蚀为主。

3. 侵蚀强度等级

土壤侵蚀受到多种因素的影响，并且这些因素不是单一作用影响，有时候是共同作用。根据不同作用下侵蚀的程度也不尽相同，下表就是表示土壤受到侵蚀作用下的分级指标[18]。

表 3-6 土壤侵蚀程度分级指标*

程度	劣地或石质坡地占该地面积%	现代沟谷（细沟，切沟，冲沟）占该面积%	植被覆盖度（%）	地表景观综合特征	土地生物生产量较侵蚀前下降%
轻度	<10	<10	70~50	斑点状分布的劣地或石质坡地。沟谷切割深度在1m以下，片蚀及细沟发育。零星分布的裸露沙石地表	10~30
中度	10~30	10~30	50~30	有较大面积分布的劣地或石质坡地。沟谷切割深度在1~3m。较广泛分布的裸露沙石地表	30~50
强度	≥30	≥30	≤30	密集分布的劣地或石质坡地。沟谷切割深度3m以上。地表切割破碎	≥50

*注：在判别侵蚀程度时，根据风险最小原则，应将该评价单元判别为较高级别的侵蚀程度。

3.1.6 膨胀性黄土地形地貌特征

黄土高原上地形复杂，并分布着山地、盆地和河谷等多种类型的地貌。而且黄土高原是世界上黄土分布最多的地区，也是世界上地貌最为复杂，形态最为典型的地区，通过地貌形态的不同可以将黄土分为黄土沟间地、黄土沟谷地和黄土微地貌。同时，黄土沟间地还可以分为黄土梁、黄土源和黄土赤等，黄土梁统称黄土丘陵，并且是黄土高原面积最大的地形。除此之外，黄土受到多种侵蚀作用形成的多种形态，包括受到重力侵蚀形成的黄土崩塌、滑坡和其他地貌特征。

3.2 膨胀性黄土主要物理力学参数

黄土的工程性质是关系到在黄土地区工程建设安全施工的重要保证，因此，分析黄土的工程性质对工程建设有着重要的现实意义，而黄土的工程性质主要是体现在土体压缩性、土体的抗剪强度、透水性和湿陷性几个方面。

1. 压缩性

黄土的压缩性是反映了黄土土体在受到外荷载条件下土体的变形情况；表示土体在天然含水量条件下受到外荷载作用产生的变形；压缩性作为黄土的一个重要特点，我们可以将其分为低压缩性黄土和高压缩性黄土，低压缩性黄土一般形成年代久远，大概是更新世末期的黄土，而高压缩性黄土一般形成年代较近。

2. 抗剪强度

黄土土体一般抗剪强度较差，而土体中承受抗剪强度主要来自组成颗粒、土自身的含水量和密实度。

3. 透水性

黄土透水性反映了土体中水通过的能力大小，一般用渗透系数来表示；黄土渗透的方向不同，可为垂直和水平方向；影响黄土透水性的因素较多，其中关键因素是其水头梯度的大小、裂隙发育的程度；水力梯度和渗透系数呈现正相关；同样，裂隙发育，透水性较好。

4. 湿陷性

湿陷性是黄土的一个重要特征，指的是黄土在自重条件或附加压力下，受到水的侵蚀后，突然产生急剧大量下沉的现象。对于湿陷性和压缩性有个重要区别，湿陷性是受到水的浸入后产生非常急剧、突然的一种现象，土体的压缩一般需要一个过程。根据黄土是否具有湿陷性，可以将黄土分为以下几类，如表 3-7 所示。

表 3-7　我国黄土地层划分

地质时代		地层名称		是否具有湿陷性	
全新世 Q_4	近期 Q_4^1	新黄土	新进堆积黄土	有湿陷性、高压缩性	
	早期 Q_4^2		一般湿陷性黄土	有湿陷性	
晚更新世 Q_3		马来黄土	老黄土	非湿陷性黄土	一般无湿陷性
中更新世 Q_2		离石黄土			
早更新世 Q_1		午城黄土			

5. 湿陷性系数

湿陷性系数反映了黄土湿陷性发生的能力大小；具体体现在通过在自重和附加压力下，在受到水的侵蚀后，产生的湿陷量；这个系数一般通过室内试验进行确定；通过大量的试验数据和现场资料，将湿陷性系数进行以下分类[19]，如下表 3-8 所示；从表中可以看出，当 δ_s 小于 0.03 时候，我们称之为弱湿陷性黄土；当 δ_s 大于 0.03 小于 0.07 时，称为中等湿陷性；δ_s 大于 0.07 时为强湿陷性黄土。

表 3-8　湿陷性系数

分类	系数
弱湿陷性	$\delta_s < 0.03$
中等湿陷性	$0.03 \leqslant \delta_s \leqslant 0.07$
强湿陷性	$\delta_s > 0.07$

3.3　膨胀性黄土隧道围岩特征

3.3.1　膨胀性黄土围岩物理力学特性

1. 物理力学参数

不同的黄土围岩，其物理力学特征有较大的差别，通常用物理力学参数指标来表述黄土的性质。常用的物理力学参数有天然含水率（ω）、天然密度（ρ）、干密度（ρ_d）、孔隙比（e）、饱和度（s_r）、液限（ω_L）、塑限（ω_P）、塑性指数（I_p）、液性指数（I_L）、统称为黄土的物理参数；压缩系数（a_{1-2}）、压缩模量（E_a）、粘聚力（c）、内摩擦角（φ）、单轴抗压强度（R_b）和抗拉强度（R_t）、弹性抗力系数（K）等成为黄土的力学参数。不同年代形成的黄土，其物理力学性质有显著的不同，如表 3-9。不同的地区，黄土地物理力学性质指标也有一定的规律，如表 3-10 所示。研究黄土物理力学特性对研究黄土隧道的工程地质特性有重要的指导作用[20-21]。

表 3-9 不同形成年代黄土的物理力学性质

地质年代	物理性质		力学性质		
	干密度 ρ_d	孔隙比 e	压缩性	渗透性	抗剪强度
Q_4	小	大	高	强	低
Q_3	较小	较大	较高	较强	较低
Q_2	较大	较小	较低	较弱	较高
Q_1	大	小	低	弱	高

表 3-10 黄河中游地区黄土的物理力学性质指标

性质指标	单位	变化范围	平均值
孔隙比 e	—	0.67~1.13	0.92
孔隙率 n	%	40.1~53.1	47.8
含水率 ω	%	10.7~23.4	18.0
干密度 ρ_d	g/cm³	1.10~1.68	1.45
液限 ω_L	%	25.4~32.1	28.7
塑限 ω_P	%	15.4~20.5	18.5
塑性指数 I_P	—	8.2~14.0	11.7
液性指数 I_L	—	<0.1	—
压缩系数 a_{1-2}	(1/MPa)	0.02~0.90	0.43
渗透系数 k_{10}	cm/s	4.81×10⁻⁴~5.8×10⁻⁵	1.5×10⁻⁴
粘聚力 c	kPa	21~76	45.0
内摩擦角 φ	(°)	20.6~33.6	27.0

(2) 弹性参数统计

① 平板载荷试验统计的弹性参数

根据太兴铁路小河沟隧道现场平板载荷试验得出的黄土围岩弹性参数（弹性模量 E，弹性抗力系数 K，均为水平方向），如下表 3-11 所示。该实验验证了 3 个试验点的水平方向平板载荷实验，承压板面积为 0.25m²，黄土类型为膨胀土。

② 位移反分析统计的弹性参数

根据小河沟隧道现场勘测资料，对黄土围岩弹性参数（弹性模量 E、泊松比 μ）进行位移反分析，结果如下表 3-12 所示。

本次位移反分析是采用三台阶临时仰拱施工法，黄土类型为膨胀性黄土。计算引用的地层参数（密度 ρ、粘聚力 c、内摩擦角 φ），取自本工程黄土围岩物理力学参数统计值。

表 3-11 根据平板载荷实验统计的弹性参数

黄土类型	弹性模量 E		弹性抗力系数 K
	应力水平（kPa）	弹性模量（MPa）	（MPa/m）
Q_1 砂质黄土	<200	50~100	126.2
	300~800	150~200	
	1000~1800	230~320	

续表

黄土类型	弹性模量 E		弹性抗力系数 K (MPa/m)
	应力水平（kPa）	弹性模量（MPa）	
Q_2砂质黄土	<200 300～700 800～1600 1700～1900	50 100～150 170～210 250～330	119.9
Q_3砂质黄土	<100 ≥100	50 100～150	55.3

表3-12 小河沟隧道三台阶临时仰拱施工法弹性参数位移反分析结果

测试断面	E (Mpa)		μ		平均含水量（%）	埋深（m）	地层描述
	Q_3砂1	Q_3砂2	Q_3砂1	Q_3砂2			
DK	44	34	0.44	0.41	8.4	16	浅埋Q_3砂质黄土
DK	45	44	0.42	0.43	11.2	19	
平均	42		0.43		9.8	18	

3.3.2 膨胀性黄土围岩强度特征

黄土的强度特征通过三种类型表现，分别为抗剪强度、无侧限抗压强度和抗拉强度；对于这三种强度类型，其中，抗剪强度在各种建筑工程中比较常用，所以研究资料较多，可以有很多供参考，而对于无侧限抗压强度和抗拉强度方面，研究比较少。通过资料可以得出，黄土的强度受到很多因素条件的影响，如颗粒组成、矿物成分、黏粒和可溶盐的含量、含水率、土的密实度和埋深等，这些因素中，含水率和密实度对强度的影响非常关键，其中密实度主要用其干容重和孔隙比来表示[22]。

1. 抗剪强度

上文已有提到，黄土所承受的抗剪强度受到多种因素的影响，其中常见主要是颗粒组成、矿物成分、黏粒含量，除此外，还在于黄土土体的含水率和密实程度。

（1）其中黄土的干密度和塑限的关系较为密切，而含水率的变化对于强度的影响很明显，通过直剪试验结果显示，对于塑限为18.2%～20.7%的黄土，当含水率提高的时候，内摩擦角和粘聚力都要下降。

（2）干密度的影响

当土的含水率相同时，土的干密度越大，则抗剪强度就越高。如表3-13所示。对小河沟隧道的黄土抗剪强度指标进行了勘测，具体不同时期的黄土指标如表3-14所示。

表3-13 黄土在不同干密度不同含水率的抗剪强度指标

干密度（g/cm³）	含水率（%）	内摩擦角（°）	粘聚力（kPa）
1.25～1.27	3.9	39.3	70
	8.6	33.5	52
	14.5	31.3	32
	19.2	30.2	21
	23.8	26.3	6
	27.9	26	2

续表

干密度（g/cm³）	含水率（%）	内摩擦角（°）	粘聚力（kPa）
1.36~1.38	6.1	36.8	80
	9.5	35	65
	12.8	31.3	46
	15.1	29	35
	20.6	28.3	20
	25.4	26.5	10
	26.5	25.3	5
1.42~1.44	7	34.2	96
	12.1	28.8	58
	15.5	28.5	46
	18.3	29.3	40
	21.9	27	26
	23.3	26.5	20
	25.6	25.8	10
1.48~1.50	7.8	37.2	157
	10	33	120
	14.4	28.3	80
	18.5	26.5	52
	24.4	26	20
1.53~1.55	14.3	36.2	132
	17.7	34.5	100
	21.6	31.3	70
	23.9	26.2	42
	25.6	25.7	31
	26.8	25.2	26

表 3-14 太兴铁路黄土抗剪强度指标统计

统计参数	黄土类型	Q_1黄土		Q_2黄土		Q_3黄土	
		砂质黄土	黏质黄土	砂质黄土	黏质黄土	砂质黄土	黏质黄土
密度 ρ (g/cm³)	最大值	2.08	2.16	2.16	2.19	1.97	1.90
	最小值	1.42	1.46	1.77	1.67	1.30	1.30
	平均值	1.80	1.88	1.94	1.97	1.59	1.58
	统计个数	27	15	32	330	496	111
	标准差	0.21	0.23	0.10	0.10	0.13	0.11
	变异系数	0.12	0.12	0.05	0.05	0.08	0.07
含水率 ω (%)	最大值	20.8	24.7	27.4	26.3	21.4	18.3
	最小值	4.8	5.2	10.6	10.5	3.2	5.1
	平均值	14.1	14.6	19.0	19.9	11.5	11.1
	统计个数	27	15	32	330	495	111
	标准差	3.72	4.4	4.4	2.8	4.13	2.65
	变异系数	0.26	0.30	0.23	0.14	0.36	0.24

续表

统计参数	黄土类型		Q_1黄土		Q_2黄土		Q_3黄土	
			砂质黄土	黏质黄土	砂质黄土	黏质黄土	砂质黄土	黏质黄土
孔隙比 e		最大值	1.158	0.969	0.790	0.893	1.238	1.303
		最小值	0.543	0.458	0.443	0.477	0.527	0.584
		平均值	0.733	0.666	0.634	0.656	0.906	0.914
		统计个数	27	15	32	330	495	111
		标准差	0.184	0.173	0.095	0.085	0.136	0.133
		变异系数	0.25	0.26	0.06	0.13	0.15	0.15
饱和度 s_r(%)		最大值	99.0	100	96.4	100	85.9	67.4
		最小值	14.2	14.8	43.5	37.4	10.8	18.2
		平均值	56.3	65.2	78.2	83.1	35.0	33.5
		统计个数	27	15	32	330	495	111
		标准差	22.1	27.9	16.1	12.8	14.3	9.7
		变异系数	0.39	0.43	0.21	0.15	0.41	0.29
粘聚力 c(kPa)		最大值	92.5	64.2	66.6	101.5	56.7	55.9
		最小值	17.8	20.5	14.5	19.0	3.0	7.1
		平均值	34.0	37.3	29.5	49.3	20.8	31.1
		统计个数	7	5	25	134	262	53
		标准差	28.8	21.3	12.6	19.4	12.1	11.4
		变异系数	0.848	0.573	0.426	0.394	0.582	0.368
		标准值	12.7	17.0	25.1	46.4	26.1	28.4
内摩擦角 φ(°)		最大值	25.4	25.8	33.8	41.9	36.4	32.8
		最小值	15.8	17.9	18.5	8.7	18.4	15.4
		平均值	21.1	22.4	28.0	24.7	26.5	25.1
		统计个数	7	5	25	134	262	53
		标准差	3.277	3.33	3.53	6.3	4.0	3.6
		变异系数	0.155	0.148	0.126	0.255	0.150	0.145
		标准值	18.7	19.3	26.8	23.8	26.1	24.3

黄土的抗剪强度参数与其初始含水率的变化量密切相关，对同一种土，含水率的变化对粘聚力的影响要远大于内摩擦角的变化影响。

表3-15 老黄土力学参数与参数的相关性分析

参数类型	统计特征	物性参数									
		密度 ρ	含水率 ω	孔隙比 e	孔隙率 n	饱和度 s_r	液限 ω_L	塑限 ω_P	塑性指数 I_P	液性指数 I_L	干密度 ρ_d
粘聚力 c	Pearson 相关性	0.381	0.156	−0.266	−0.251	0.391	0.501	0.296	0.515	−0.031	0.263
	显著性水平	0.000	0.203	0.000	0.001	0.000	0.000	0.000	0.000	0.349	0.000

续表

参数类型	统计特征	物性参数									
		密度 ρ	含水率 ω	孔隙比 e	孔隙率 n	饱和度 s_r	液限 ω_L	塑限 ω_P	塑性指数 I_P	液性指数 I_L	干密度 ρ_d
内摩擦角 φ	Pearson相关性	0.066	−0.150	−0.148	−0.149	−0.036	0.210	0.117	0.117	−0.326	0.150
	显著性水平	0.200	0.028	0.029	0.029	0.322	0.004	0.068	0.068	0.000	0.028
强度参数样本容量						163					

注：1. pearson 相关系数反应了自变量 x 和因变量 y 之间的线性关系的密切程度。设有 n 对观测数据，即 (x_1, y_1)、(x_2, y_2)、$(x_3, y_3) \cdots (x_n, y_n)$，则自变量 x 和因变量 y 之间的 pearson 相关系数为：$r_{xy} = \dfrac{\sum_{i=1}^{n}(x_i - \bar{x})(y_i - \bar{y})}{\sqrt{\sum_{i=1}^{n}(x_i - \bar{x})^2} \sqrt{\sum_{i=1}^{n}(y_i - \bar{y})^2}}$。其中，$\bar{x} = \dfrac{1}{n}\sum_{i=1}^{n}x_i$，$\bar{y} = \dfrac{1}{n}\sum_{i=1}^{n}y_i$。

2. 显著性水平取为 0.05，即在 0.05 的置信度下，当 pearson 相关性系数大于对应的显著水平值时，所做的线性回归才有意义。

由表 3-15、表 3-16 可知，从单个因素来看，对老黄土而言，与粘聚力相关性最好的是塑性指数，与内摩擦角相关性最好的是液性指数；对于粘聚力来说，液限和它相关性较好，而和内摩擦角相关性好的则是液性指数。还可以看出，粘聚力、内摩擦角和含水率之间的相关性较差。还可以看出，不论是新近的黄土还是老黄土，与内摩擦角相关性较好的都是液性指数，液性指数的含义是黏性土在其含水率变化时物理状态的改变，可依据其含水率距离塑限和液限的远近判定处于固态或半固态、塑态及液态。由于对同种黏性土而言，其塑限和液限通常是较为固定的常数，因此，液性指数的变化也就更多反应了土的含水率变化引起土的物理状态及其力学性质的变化。

表 3-16　新黄土力学参数与参数的相关分析

参数类型	统计特征	物性参数									
		密度 ρ	含水率 ω	孔隙比 e	孔隙率 n	饱和度 s_r	液限 ω_L	塑限 ω_P	塑性指数 I_P	液性指数 I_L	干密度 ρ_d
粘聚力 c	Pearson相关性	0.090	−0.129	−0.137	−0.142	−0.012	0.465	0.407	0.337	−0.177	0.149
	显著性水平	0.056	0.011	0.007	0.006	0.413	0.000	0.000	0.000	0.001	0.004
内摩擦角 φ	Pearson相关性	0.125	−0.340	−0.278	−0.279	−0.136	0.054	0.222	−0.212	−0.400	0.285
	显著性水平	0.013	0.000	0.000	0.000	0.008	0.169	0.000	0.000	0.000	0.000
强度参数样本容量						316					

2. 无侧限抗压强度

土的无侧限强度常用作计算和判定黏性土结构性和灵敏度的参数。

表 3-17 我国黄土地层的划分

地质时代	地层名称		分布厚度	主要物理力学性质
全新世 Q_4	近期,Q_4^{3-4}	新进堆积黄土	新黄土具湿陷性	一般 3~8,最厚可达 15~20m	$q_u=37\sim160$kPa,一般值 65kPa;$\rho_d=1.12\sim1.5$g/cm³,一般值 1.30 g/cm³
	早期,Q_4^{1-2}	黄土状土			$q_u=52\sim300$kPa,一般值 90kPa;$\rho_d=1.16\sim1.58$g/cm³,一般值 1.35 g/cm³
晚更新世 Q_3		马兰黄土		约 10~30m,分布面积广	$q_u=52\sim127$pa,一般值 70kPa;$\rho_d=1.16\sim1.58$g/cm³,一般值 1.35 g/cm³
中更新世 Q_2		离石黄土	老黄土不具湿陷性	50~70m,黄河中游地区最厚可达 170m	$q_u=73\sim327$kPa,一般值 150kPa;$\rho_d=1.4\sim1.6$g/cm³,一般值 1.45 g/cm³
早更新世 Q_1		午城黄土		40~100m	

由上表 3-17 可知,黄土的无侧限抗压强度变化范围大,同时老黄土和新黄土在量级上的差别还是很明显的。

黄土无侧限抗压强度不仅能准确的反映了土体的结构特点,也能够反映含水率的变化规律;通过上表 3-17 可以看出,黄土无侧限抗压强度和其它物理量之间的回归方程和相关系数可以看出,无侧限抗压强度和粘聚力具有很高的相关性;黄土无侧限抗压强度对含水率较为敏感;但老黄土的无侧限抗压强度所表现出来的随含水率变化的关系却有着显著地区别,其主要原因在于新老黄土的干密度的差异,或者是孔隙比大小的差异。

表 3-18 黄土无侧限抗压强度与其他物理力学之间的关系

序号	回归方程	相关系数 R^2
1	$q_u=4.8577c-15.155$	0.9147
2	$q_u=-1011.6e+1209.4$	0.7872
3	$q_u=1430.7\rho_d-1746.9$	0.7347
4	$q_u=925.61\rho-1196.8$	0.6864

3. 抗拉强度

一般认为,土的抗拉强度很小或小得几乎可以忽略,故对于大多数土而言,都将其抗拉强度取为 0。由于黄土是具有显著性特点的特殊土壤,因而对其抗拉强度的研究也积累了不少的研究成果。

表 3-19 中关于抗拉强度研究结果,Q_2 的极限抗拉强度范围较大,在 37~46.5kPa,Q_3 相比 Q_2 的极限抗拉强度范围稍小一些,在 14.7~29.0kPa 之间,对极限抗拉强度的主要影响因素为含水率和裂隙发育[23]。

表 3-19　黄土极限抗拉强度变化范围

土样编号	含水率（%）	干密度（g/cm³）	极限抗拉强度（kPa）	受裂隙影响的极限抗拉强度（kPa）
A1Q_2	1.4~17.5	1.60~1.67	37~46.5	23~25.7
B2Q_2	10.4~16.2	1.50~1.57	11.5~56	7.3
B1Q_2	10.4~14.4	1.30~1.36	10.5~21.0	
78~EQ_3	8.1	1.57~1.63	14.7~29.0	9.3

表 3-20 表示原状黄土抗拉强度的试验结果，显示不同的含水率其抗拉强度和饱和度差异较大，随着含水率的增加，抗拉强度逐渐降低；饱和度则是随着含水率的增加而增加；图 3-2 更加直观的反映了含水率的变化对抗拉强度的影响，含水率在 15% 之前的数据，随着含水率增加，抗拉强度降低急剧；随着含水率增大，抗拉强度减小的速率降低[24]。

表 3-20　原状黄土抗拉强度实验结果

含水率 ω（%）	8	14	19	21	23	25	备注
抗拉强度 σ_t（kPa）	72.2	28.0	23.7	18.2	18.6	13.3	$\rho_d=1.30\text{g/cm}^3$，$e=1.085$，$I_P=11.9$
饱和度 s_τ（%）	20.0	34.0	47	51.2	57.4	62.4	

图 3-3 反映了 Q_3 黄土在不同含水率下，抗拉强度和应变的关系，从图中可以看出，相同的含水率下，随着应变的增加抗拉强度变大的；但是不同的含水率，抗拉强度和应变的变化关系是不同的，含水率较小的增长趋势是非常明显的，呈显著的上扬，随着含水率的变大，抗拉强度和应变趋于缓慢，但还是呈现增长的；同样，在相同的应变下，随着含水率的增加，抗拉强度降低；相同的抗拉强度，含水率越大，其应变也越大。

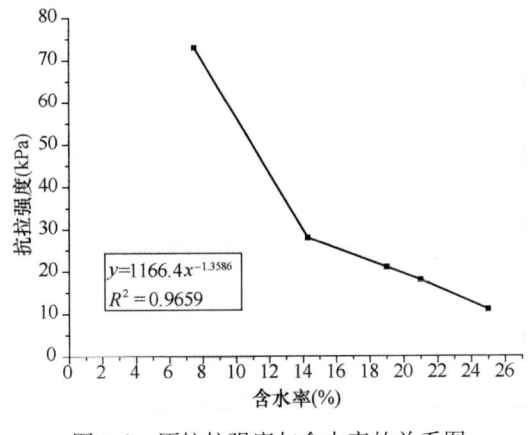

图 3-2　原抗拉强度与含水率的关系图

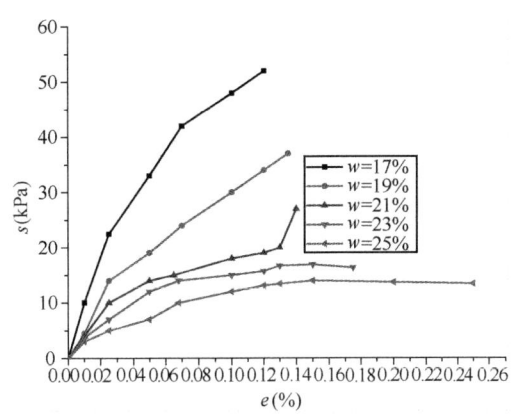

图 3-3　Q3 不同含水率情况下的单轴抗拉应力-应变曲线 σ

从上文可以知道，黄土的抗拉强度通过回归方程显示，与粘聚力有较好的相关性；下表 3-21 则是反映了部分黄土一些参数和实际测得的抗拉强度和理论抗拉强度的比较。

表 3-21　部分黄土抗剪强度参数与实测抗拉强度及其计算抗拉强度的比较

土样编号	A—4	A—7	B2—7	B2—9	B1—3	B1—4	78—E
粘聚力 c	95.0	73	60.0	46.5	38.0	37.0	41.0
摩擦角 φ	37.23	38.26	30.97	25.87	25.65	24.70	31.8
抗拉强度 σ_n	46.5	40.0	41.2	26.0	16.0	14.7	26.4
计算抗拉强度 σ_{nc}	94.3	70.8	67.9	58.3	47.8	47.4	45.6
σ_n/σ_{nc}	0.49	0.56	0.61	0.45	0.33	0.31	0.58

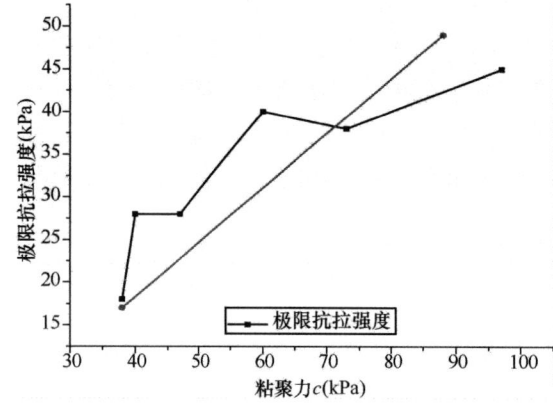

图 3-4　黄土抗拉强度与粘聚力的相关关系

黄土的抗拉强度与其粘聚力具有较好的相关关系，可用于近似估计黄土的粘聚力。通过对小河沟隧道实测所得的抗拉强度要远远小于计算抗拉强度，实测与计算抗拉强度的比值平均为 0.48。

根据有关黄土抗剪强度、无侧限抗压强度和三轴抗拉强度实验研究的结果知道，黄土的干密度和含水率是对强度特性影响最大的两个参数。但需要说明的是，由于上述有关黄土随含水率变化的实验研究均采用人工改变含水率的方法，不论是何种方式，亦或是埋深多少，一般是取样进行室内的小试样试验，于是，这种试验仅仅只能代表一种较为简单的情况，很明显，采用人工含水率肯定不能和自然含水率相比。与此同时，天然土层含水率若提高时，是在有覆盖和周围土的压力下进行的，而实验时给土样加水则是独立个体，没有围压的作用；并且，含水率提高的过程中黄土的体积要变化，而室内试验时则是加水后变性稳定的土样，加水过程中的体积变化没有考虑在内，故变形稳定下来的含水率到达定值后土的性质完全不会和人工植被的土样相同。因此，人工室内改变黄土含水率的方法无法考虑试样增湿过程中的变形及强度的变化，这与现场的黄土含水率变化时既有围压又有湿度变化引起变形的实际情况有所差别。

3.3.3　膨胀性黄土变形特性

1. 固结实验、压缩系数和压缩模量

黄土的围岩变形受到多种因素的影响，不仅和本身变形相关，也同时受到隧道硐室大小、施工措施和支护措施的影响。其中一些重要的参数通过室内固结试验、室内三轴压缩以及无侧限压缩试验得到。

表 3-22 是反映不同年代的黄土压缩系数和压缩模量，通过数据显示，Q_1 黄土压缩系数和压缩模量相对较大；而 Q_3 黄土的值则较小，压缩系数和压缩模量反映土体固结一维压缩的主要评价指标[26]。这些数据适合大部分的隧道工程，也是指导和用于其他类型工程常用指标。

由表 3-22 中数据可知，压缩系数与压缩模量的变异系数均很大，表明其参与统计的样本参数的离散型很大。从平均值看，新黄土与老黄土的压缩系数大多在 0.1～0.4 之间，属典型的中等压缩性黄土。压缩系数的分布范围、平均值及变异情况难以体现出新黄土和老黄土的差异性，甚至新黄土的压缩性优于老黄土，如 Q3 黄土的压缩系数要小于 Q1 黄土的相应值，既体现了参与统计的黄土试样来源的广泛性和不均匀性的客观实际，也可能与 Q1 黄土的样本数量太小有关。而 Q2 黄土与 Q3 黄土的整体差异性还是明显的，即 Q2 黄土的压缩性比 Q3 黄土的小这是符合一般规律的：即老黄土的压缩系数中等偏小，而新黄土的压缩系数中等偏高[27]。

表 3-22 高速铁路黄土压缩系数和压缩模量统计

统计参数	黄土类型	Q₁黄土 砂质黄土	Q₁黄土 黏质黄土	Q₂黄土 砂质黄土	Q₂黄土 黏质黄土	Q₃黄土 砂质黄土	Q₃黄土 黏质黄土
压缩系数 a_{1-2} (1/MPa)	最大值	0.87	0.35	0.27	0.334	0.350	0.440
	最小值	0.09	0.09	0.06	0.050	0.057	0.070
	平均值	0.307	0.213	0.125	0.14	0.143	0.168
	统计个数	18	8	31	198	306	96
	标准差	0.253	0.099	0.056	0.064	0.065	0.095
	变异系数	0.824	0.446	0.446	0.453	0.455	0.567
	标准值	0.412	0.297	0.143	0.148	0.149	0.152
压缩模量 E_a (MPa)	最大值	17.3	18.8	26.4	29.8	32.9	23.3
	最小值	2.30	5.5	6.2	4.9	5.3	4.6
	平均值	8.57	9.6	15.8	13.3	15.7	14.1
	统计个数	18	8	31	198	306	96
	标准差	4.7	4.7	6.2	5.4	6.5	5.27
	变异系数	0.550	0.493	0.394	0.396	0.417	0.375
	标准值	6.6	6.4	13.9	13.0	15.0	13.1

表 3-23 显示黄土压缩性参数和物性参数的回归方程，从表中显示，压缩系数、压缩模量所建立的回归方程和物性参数之间呈现线性关系；对于表示同一指标的压缩和压缩模量，老黄土比新黄土的相关性要好。

表 3-23 高速铁路黄土压缩性参数与物性参数的回归分析

黄土类型	参数	回归方程	相关系数	样本容量
老黄土	压缩系数	$a_{1-2}=-0.224\rho+0.589$	$R=0.303$	227
	压缩模量	$E_a=17.087\rho-20.617$	$R=0.259$	
新黄土	压缩系数	$a_{1-2}=0.117e+0.041$	$R=0.228$	393
	压缩模量	$E_a=-1.410\omega_p+40.343$	$R=0.193$	

2. 黄土地三轴压缩和单轴压缩变形性质[28]

黄土三轴等压实验结果表明，在小于 150kPa 时，围压与体积应变曲线近似直线变化，而超过 150kPa 时，体积压缩明显的增加，呈非线性。这个 150kPa 的转折点即代表黄土的结构强度，该围压对应的体积应变约为 1%。在围压超过结构强度后，黄土原生结构遭到破坏。

原状黄土的单轴压缩应力-应变曲线同样具有一个明显的峰值，其峰值应力对应的破坏应变在含水率变化时均小于0.8%。这个峰值则代表了黄土在无侧限约束的单轴压缩受力情况下的结构强度。

如前文所述，黄土的抗拉应力-应变曲线虽然属于硬化型，但其破坏应变小，一般不超过0.25%，综合原状黄土在三轴压缩、单轴压缩、等向压缩和单轴拉伸等各种受力情况下的变形特点可知，黄土的结构强度通常在较小的应变时就发挥作用。单轴抗压和拉伸强度与其粘聚力很高的相关性，说明这种小应变时发挥的结构强度主要是其颗粒原生连接产生的粘聚力强度部分，然后才是其颗粒咬合作用产生的剪胀强度，最后发挥的是颗粒摩擦产生的摩擦强度，如图3-6所示。由此可知，一般所认为的围压对黄土应力-应变曲线的影响其实使围岩与黄土结构强度之间的相互关系的表现，围压与结构强度的相对大小，决定了不同的应变水平上黄土变形及其最终强度的性质。黄土的结构性及其结构强度才是根本性的因素。

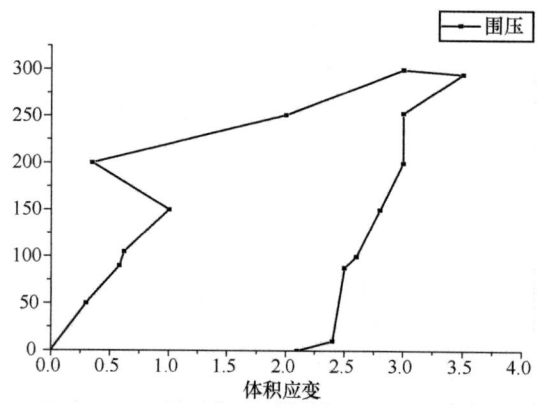

图3-5 黄土三向等压围压与体积应变关系

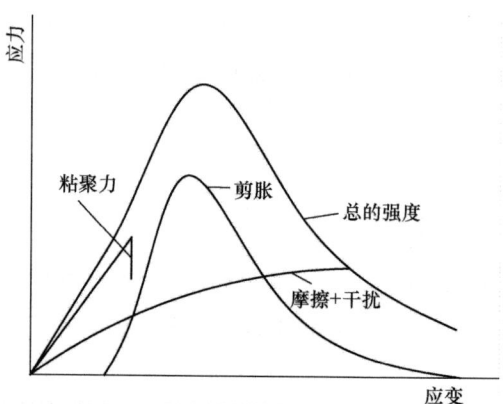

图3-6 黏性土抗剪强度的组成及其随应变的发挥程度

3.3.4 构造特性

1. 黄土垂直节理发育特征

上文已经提到，黄土地区节理发育是一个非常显著的特征，节理发育是黄土土体结构的一个组成部分；先通过分析黄土土体结构特征，对于研究裂隙的发育规律具有很好的指导作用。关于黄土土体结构特征，许多学者也进行了很多研究，其中以孙广忠[29]提出的土体结构思想认可较为广泛，他认为，将土体结构分为微小结构、显结构和宏观结构；黄土通过这三种结构的划分将其不同层次的结构和工程特性很好的进行分类，例如，黄土的湿陷性就是土体的微小结构控制，颗粒的特征关系也受到微小结构影响等；黄土的显结构控制其理学性质等通过肉眼可以看见的结构，如土体的裂缝等。而其它的诸如节理、喀斯特和地裂缝属于宏观结构[30]。

对于节理的研究则是从结构的微观方向进行分析，对此做了许多研究的王景明[31]提出了许多关于节理的构造理论，他提出将黄土的节理分为几种类型，包括原生节理、次生节理、湿陷性节理和构造节理几种类型；其中构造节理和原生节理的分布很广泛，占黄土的大部分，并具有一定的区域性特点。而风化节理、卸荷节理在分布在暴露在黄土表层几米土层中，范围有限。

2. 黄土结构和构造特征对强度的影响

黄土结构的复杂性，以及黄土在长期形成过程中的各种构造，它们对于黄土的强度有着巨大的影响；对于黄土土体强度的检测，则是通过现场剪切试验、环剪试验和直剪试验；通过试验对比分析了黄土中原生节理对其强度的影响，试验表明，黄土中原生节理进行室内试验的结果具有较大的离散性；并且，试验得到的强度较低。

图 3-7 反映了黄土剪切应力和法向应力的关系，从曲线分析，随着法向应力的增加，剪切应力是增加的；在工程中对剪切应力进行回归分析的比较少，有的也是仅仅限于室内试验；通过大量的直剪试验和室内的试验进行对比分析，结合黄土本身特征和节理发育等，来说明剪切强度的一些特征。

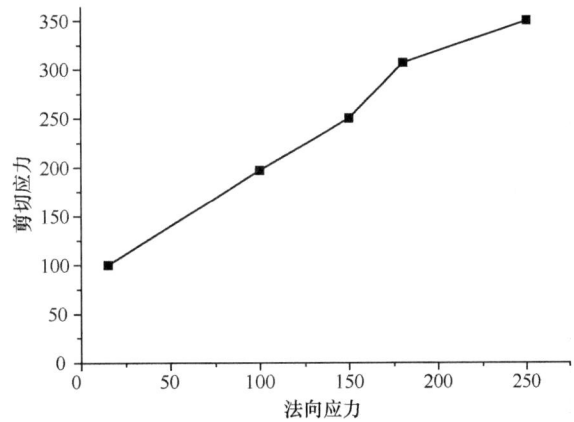

图 3-7 黄土的剪切应力与法向应力的关系

通过大量的强度试验可以得出，常见的黄土强度参数如下表 3-23，通过试验计算得到均质黄土和存在节理黄土的一些重要参数的值，如平均粘聚力、内摩擦。

表 3-24 裂隙黄土强度特征

介质类型	试样编号	粘聚力（kPa）	内摩擦角（°）
均值黄土	Wj1—1	13.4	37.7
	Wj1—2	16.7	36.3
	Wj1—3	13.8	36.6
黄土裂隙	Yj1—1	2.1	35.3
	Yj1—2	1.8	35.8
	Yj1—3	1.1	36.7

重塑均质黄土和重塑裂隙黄土三轴剪切试验的应力应变曲线如图 3-8 所示，实验结果汇

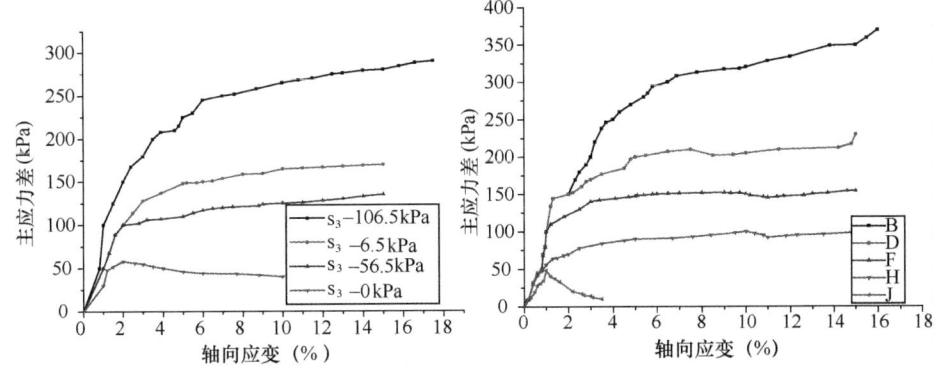

图 3-8 重塑黄土和有竖向重塑黄土三轴应力应变曲线

总如下表 3-25 所示。不同试验方法得出的黄土裂隙的强度都很低，其粘聚力不大于 5kPa，由于千帕是一个很小的应力单位，因此黄土裂隙之间的作用力主要是摩擦强度，可以忽略粘聚力。均质黄土和黄土裂隙用直剪试验方法得出的内摩擦角差值仅 1°，而用三轴剪切方法得出的相差 2.7°。

表 3-25　各围压下黄土的峰值抗压强度

参数		围压 σ_3（kPa）					粘聚力（kPa）	内摩擦角（°）
		0	6.5	31.5	56.5	106.5		
峰值强度（kPa）	均质黄土	48.6	99.2	186.3	273.7	457.7	12.8	33.4
	有裂缝黄土	32.0	74.0	152.0	228.1	394.2	3.6	30.7
强度损失比（%）		34.2	25.4	18.4	16.7	13.8	—	—

3. 黄土力学性质的各向异性

黄土的无侧限抗压强度随深度的增加有逐渐增大的趋势，但在 10m 以内的深度内，波动性较大，增加趋势不明显，而超过 10m 后增大趋势较为显著。这可能与近地表的黄土易受到外界条件扰动而难以保持黄土结构性的完整有关。通过小河沟隧道现场进行无侧限抗压强度试验，试验结果表明，试件垂直方向上的无侧限抗压强度大于水平向无侧限抗压强度，两者的平均值为 1.31，变异系数为 0.08，与深度之间并没有明显的关系。

不论黄土体在哪个方向上受侧限抗压强度，也不论哪个土层及土层的成因，土体垂直方向上的抗压强度最大，45°方向次之，水平方向最小。垂直方向上的抗压强度是水平方向抗压强度的 1.2 倍。

Dusan Milovic[32]利用无侧限抗压强度试验得到黄土垂直向和水平向变形模量的比值则在 1.30～1.60 之间。黄土的水平向和垂直向的变形特征性差异明显，其垂直向的弹性抗力系数和变形模量约为其水平向相应值的 2 倍，如表 3-26 所示，这种各向异性相比现场平板载荷试验得出的垂直和水平向变形模量相差 2 倍左右。一方面可能与黄土试样的差异性有关，但从另一方面也可以解释出黄土原生节理的影响。室内试验的试样直径大多在 10mm 之内，而载荷板的尺寸要大得多，因此试验过程中受力部分的黄土所包含的原生节理及其物性成分的差异性也增多，故垂直和水平向的差异性较大，而室内小试件一般在制样时有严格的密度和含水率控制标准，试样的性质更为均匀，包含原生节理的可能性也很小。

表 3-26　黄土不同方向弹性抗力系数与变形模量建议值

土层	埋深（m）	加载方向	弹性抗力系数（MPa/m）	变形模量（MPa）	主要物性参数					
					密度（g/cm³）	含水率（%）	孔隙比	饱和度（%）	液限（%）	塑性指数
Q_3^{eol+al}	20～40	水平	40～60	15～20	1.55	9.8	0.910	29.1	21.9	7.3
		竖向	80～120	30～50						
Q_3^{eol}	10～30	水平	35～55	15～25	1.51	6.5	0.903	20.5	29.7	12.4
Q_2^{eol}	120～160	水平	70～100	30～40	1.92	15.0	0.615	68.8	29.7	12.7
		竖向	160～190	60～80						
Q_1^{eol}	90～120	水平	70～100	25～40	1.95	14.1	0.584	65.8	29.2	11.2

对太兴铁路小河沟段出口洞顶黄土水平向和垂直向力学特性的对比试验结果如表3-27所示，试验采用人工探坑取样，探坑深11m，每隔一米取样一次，每次取样四块，共计取样80块，黄土基本物理性质如表3-28所示。

表3-27 原状黄土湿陷性实验结果

土样编号	浸水前变形量/0.01mm	浸水后变形量/0.01mm	湿陷性系数	平均值
4—5横	62.8	103.2	0.0202	0.019
2—3横	72.6	109.8	0.0186	
1—4横	186.6	219.0	0.0162	
1—4横	110.6	148.2	0.0188	
1—3横	48.4	94.0	0.0228	
1—2横	51.2	88.3	0.0186	
1—3竖	46.8	101.4	0.0273	0.026
1—3竖	58.9	109.2	0.0252	
2—4竖	75.2	115.3	0.0201	
2—4竖	81.0	120.2	0.0196	
4—5竖	147.2	204.2	0.0285	
1—2竖	67.3	136.4	0.0346	

原状黄土的竖向湿陷性系数的平均值，远大于横向湿陷性系数均值，两者的值分别为0.026、0.019，由此可看出，黄土具有显著的湿陷性。但是，在试验过程中，黄土试件浸水约60s发生湿陷变形，但迅速趋于稳定。

由直接剪切试验可知，黄土的横竖向抗剪强度两个方向土体内摩擦角统计标准值均为21.7°；但横向粘聚力统计标准值与竖向粘聚力标准值大约5.3kPa。

表3-28 原状黄土物理性质指标

图样深度 (m)	含水率 (%)	天然密度 (g/cm³)	干密度 (g/cm³)	液限 (%)	塑限 (%)	塑性指数	颗粒比重
1.0	16.3～17.1	1.55～1.70	1.33～1.45	28.8	18.7	10.1	2.706
2.0	15.2～16.4	1.49～1.56	1.33～1.37	27.8	19.8	8.0	2.695
3.0	9.4～16.9	1.53～1.58	1.39～1.41	28.4	20.2	8.2	2.696
4.0	8.9～12.7	1.47～1.64	1.34～1.43	28.1	20.3	7.8	2.694
5.0	16.2～17.8	1.49～1.61	1.30～1.39	30.7	18.1	12.6	2.718

此外，从土样剪切破坏位移来看，法向荷载在150kPa以下时，其峰值强度位移低于1mm。该特点与普通粉土和粉质黏土的特性不同，这一现象说明，小河沟隧道的黄土黏粒含量较少，导致土体之间的粘聚力较低，造成在剪切力的作用下极易发生剪切破坏。因此，在隧道初期施工过程中，应当注意隧道硐室的变形监测。

表 3-29 直接剪切试验结果汇总

取土点	竖向抗剪强度		横向抗剪强度		天然密度 (g/cm³)	含水率 (%)	干密度 (g/cm³)
	C (kPa)	φ (°)	C (kPa)	φ (°)			
1号坑5m—1	35.7	24.4	41.4	25.5	1.52	16.3	1.30
1号坑5m—2	47.5	23.0	52.2	21.6	1.56	16.4	1.34
1号坑5m—3	47.0	22.7	47.7	22.3	1.56	16.3	1.34
1号坑5m—4	28.2	26.2	31.0	28.0	1.60	17.8	1.36
2号坑5m—1	40.4	21.1	40.0	22.9	1.58	17.1	1.35
2号坑5m—2	30.4	26.9	47.0	21.6	1.59	16.2	1.37
2号坑5m—3	40.9	20.6	40.4	24.2	1.59	16.6	1.36
2号坑5m—4	33.9	26.5	37.6	25.1	1.56	16.9	1.34
1号坑4m—1	28.2	24.7	34.8	22.9	1.51	10.5	1.36
标准值	7.48	2.32	6.67	2.14	0.03	0.02	0.02
平均值	36.9	24.0	41.3	23.8	1.56	0.16	1.35
标准值	29.4	21.7	34.7	21.7	—	—	—

由压缩试验的试验数据可知,横向压缩模量 $E_{1\sim2}$ 的均值为 6.83MPa,竖向压缩模量 $E_{1\sim2}$ 平均值为 5.82MPa,且具有很大的离散性,可以得出,横竖向土体的孔隙比较大,即土体骨架较松散,受水后土体易发生湿陷性变形,同时导致土体强度降低。

表 3-30 黄土压缩试验结果

土样编号	压缩模量 $E_{1\sim2}$ (MPa)	平均值 (MPa)
1—4 横	8.6	
1—4 横	5.5	6.83
1—4 横	5.8	
2—3 横	5.1	
2—3 横	7.2	
2—3 横	8.8	
1—3 竖	8.1	5.82
2—4 竖	3.4	
4—5 竖	5.8	
1—4 竖	5.8	
1—3 竖	6.2	
2—4 竖	5.6	

对上述几项水平向和垂直向对比试验的结果汇总如表 3-31,从横向和水平向主要力学参数的比值看,除了实现系数和直剪试验的内摩擦角之外,其余参数如压缩模量、粘聚力和内摩擦角均小于 1,可以得出黄土垂直向的力学参数及变形特性均小于水平向相应的力学参数和变形特性。但湿陷性却是垂直方向大很多,显然与黄土风成沉积的成因及位于地表浅表层的堆积环境有关,同时,也体现了黄土的另一特性,即力学性质的各向异性。但这里给出的仅仅是新黄土的实验结果,老黄土力学性质的各向异性还有待进一步研究。

表 3-31　物理和变形参数实验结果统计值汇总

类别	湿陷系数	压缩模量(MPa)	三轴试验		直剪试验	
			C (kPa)	φ (°)	C (kPa)	φ (°)
水平方向	0.019	6.83	23.7	24.6	34.7	21.7
竖直方向	0.026	5.82	21.2	24.0	29.4	21.7
竖向/水平	1.368	0.852	0.895	0.976	0.847	1.00

4. 黄土构造特征对隧道稳定性的影响

对于黄土隧道，受黄土原生节理和构造节理的影响，尤其对于深埋黄土隧道，具有比其他节理更重要的工程实践意义[33]。

对于浅埋黄土隧道及其洞口，由于已有原生和卸荷节理，同时受到施工的影响和地表沉降裂缝，将成为地表水下渗的通道，使得水流在隧道围岩中的不透水或弱透水界面处如黄土与泥岩交界面处汇集，引起黄土区的局部饱和，导致隧道围岩软化，围岩稳定性大幅降低以至于形成局部地下水压力，使得黄土隧道衬砌结构受到很大的附加应力和集中载荷，引起黄土隧道围岩衬砌结构出现裂缝。这不仅危害到隧道的安全施工，同时会对建成后的安全运营造成影响。

对于深埋隧道，其软弱结构层待硐室及大跨度硐室施工完成后，可能会切割土体，将会破坏硐室周围岩体的稳定性，造成衬砌结构受到集中荷载，使得衬砌结构出现裂缝。严重时会造成隧道的坍塌等灾害。因此，从工程设计和施工角度，黄土隧道应尽量采取能减少围岩扰动的施工方式，并做好排水措施，特别是对洞口段及浅埋段地表裂缝的及时处理和洞内地下水的防治。

参考文献

[1] LOUNG HNAM F C. Chemical weathering of the silieate minerals [M]. New York：Eleseiver，1969.
[2] MITCHELL J K. Fundamentals of soil behavior[M]. NewYork：Eleseiver，1976.
[3] INGLESS0G. Soil chemistry relevant to engineering behavior of soil[M]. London：Butterworths，1968.
[4] 郝月清，朱建强. 膨胀土胀缩变形的有关理论及评析[J]. 水土保持通报，1999，19(6)：58-61.
[5] 赵晓彦，胡厚田，庞烈鑫等. 类土质边坡开挖的卸荷作用及卸荷带宽度的确定[J]. 岩石力学与工程学报，2005，24(4)：708-712.
[6] 王景明等. 黄土构造节理的理论及其应用[M]. 1996，北京：中国水利水电出版社.
[7] 廖世文. 膨胀土与铁路工程[M]. 北京：中国铁道出版社，1984.
[8] 工程地质手册编写委员会. 工程地质手册[M].4 版. 北京：中国建筑工业出版社，2007.
[9] 六祖殿. 黄土力学与工程[M]. 西安：陕西科学技术出版社，1997.
[10] 中国科学院院士土木建筑研究所土力学研究室. 黄土基本性质的研究[M]. 北京：科学出版社，1961
[11] 钱鸿缙，王继堂，罗宇生等. 湿陷性黄土地基[M]. 北京：中国建筑工业出版社，1985.
[12] 钱鸿缙，王继堂，罗宇生等. 湿陷性黄土地基[M]. 北京：中国建筑工业出版社，1985.
[13] 凌荣华，韩贝传，曲永新. 大跨度深埋黄土隧洞的开挖效应研究[J]. 工程地质学报，1996，4(3)：65.70.

[14] 冯连昌，郑晏武. 中国实现性黄土[M]. 北京：中国铁道出版社，1982.
[15] 陈仲颐，周景星，王洪瑾. 土力学[M]. 北京：中国铁道出版社，1998.
[16] 刘武杰. 渭南吴田黄土剖面地层击实特性研究[D]. 长安大学，2013.
[17] 卢全中，葛修润，彭建兵等. 三轴压缩条件下裂隙性黄土的破坏特征[J]. 岩土力学，2009，30(12)：3689-3694.
[18] 谢定义. 试论我国黄土力学研究中的若干新趋向[J]. 岩土工程学报，2001，23(1)：3-13.
[19] 尹贤刚，李庶林，唐海燕. 岩石破坏声发射强度分形特征研究[J]. 岩石力学与工程学报，2005，24(19)：3512-3516.
[20] 黄英，符必昌. 孔隙比与红土物理力学参数的相关性[J]. 勘察科学技术，2002(5)：3-7.
[21] 徐文杰，胡瑞林，岳中琦等. 基于数字图像分析及大型直剪试验的土石混合体块石含量与抗剪强度关系研究[J]. 岩石力学与工程学报，2008，27(5)：996-1007.
[22] 周剑，张路青，戴福初等. 基于黏结颗粒模型某滑坡土石混合体直剪试验数值模拟[J]. 岩石力学与工程学报，2013，32(A01)：2650-2659.
[23] 孙军杰，徐舜华，王兰民等. 非饱和黄土动残余应变关键影响参量与量值估算[J]. 岩石力学与工程学报，2015，31(2)：382-391.
[24] 贾银虎，马佳，高明尚. 黄土湿陷性影响因素分析与机理探讨[J]. 煤炭与化工，2014，37(8)：13-16.
[25] 骆亚生，谢定义，邵生俊等. 非饱和黄土的结构变化特性[J]. 西北农林科技大学学报（自然科学版），2004，32(8).
[26] 郑俊杰，区剑华，袁内镇等. 多元复合地基压缩模量参变量变分原理解析解[J]. 岩土工程学报，2003，25(3)：317-321.
[27] 陈开圣，沙爱民. 扰动黄土压缩特性试验研究[J]. 中外公路，2010，30(3)：285-289.
[28] 刘明振，王瑞科. 湿陷性黄土地基上灰土垫层质量评价方法探讨[J]. 工程勘察，2005(3)：42-45.
[29] 孙广忠. 论地质灾害防治[J]. 中国地质灾害与防治学报，1996，7(1)：1-5.
[30] 彭建兵，林鸿州，王启耀等. 黄土地质灾害研究中的关键问题与创新思路[J]. 工程地质学报，2014，4：018.
[31] 王景明等. 黄土构造节理的理论及其应用[M]. 1996，北京：中国水利水电出版社.
[32] Milovic D. Stress deformation properties of macroporous loesssoils[J]. Engineering Geology, 1988, 25(2): 283-302.
[33] 刘海松，倪万魁，颜斌. 地质结构模型在公路黄土边坡设计中的作用[J]. 中国公路学报，2007，20(5)：1-6.

4 膨胀性黄土隧道围岩地质灾害

4.1 围岩裂隙情况

原岩岩体本身具有发育节理，只是在原先被压实的条件下没有显现，隧道开挖后，围岩应力得到释放，裂隙增加；隧道施工打破了原有的围岩应力平衡状态，造成土体松动及开裂；土体自身的工程特性，开挖后遇水膨胀性等特性，使得裂隙发展更加深入；裸露黄土受风干作用，导致失水开裂。上述几种原因导致隧道围岩特别是顶部围岩裂缝的开展，形成脱离区[1]。

由于围岩裂隙的产生，使开挖的隧道松散易变，围岩不稳定，初期支护难度大；隧道长期维护难度也很大，所以要采用合理地施工工法（短进尺，强支护，早闭合）。

4.1.1 黄土裂隙的分类

根据裂隙的规模分为：微观裂隙、宏观裂隙；根据裂隙的力学性质分为：张性裂隙、压型裂隙、扭性裂隙和组合裂隙；等根据裂隙形成原因分分类，如表 4-1 所示。

表 4-1 黄土裂隙的成因分类

类型	主导因素	动力源	类别
非构造	人类活动	次生重力、动荷载	人类活动诱发的塌陷、不均匀沉降、滑坡、崩塌、爆破裂缝，开挖卸荷裂缝等
	自然外营力	重力	陷落裂缝、滑坡、崩塌裂缝、地震次生裂缝、卸荷裂缝
		气候、地表水	冻融裂隙、胀缩裂隙、风化裂隙淋滤裂隙、湿陷裂隙、斜纹理，水平纹理
构造	自然内营力	断层运动	断层速滑裂隙、地震构造裂隙、断层蠕滑裂隙
		构造地应力	构造节理裂隙

4.1.2 黄土裂隙的基本特征

1. 黄土构造节理裂隙（缝）[2]

黄土的构造裂隙分为节理裂隙和断层裂隙。同时，黄土的埋深、黄土的组成材料、地形等特点直接影响裂缝的显隐性和规模。该类裂隙具有明显的方向性，且延伸和规模较大，受其他边界的影响较小，断层周围常常有地表破坏等现象发生。

2. 黄土卸荷裂隙

完整的黄土结构，在侵蚀或开挖作用所形成的临空面的作用下，引起土体松动或变形进而形成卸荷裂隙。卸荷裂隙分为侧向和竖向卸裂隙。其中，侧向卸荷裂隙的发育程度最高，一般发生于坡体上部，受坡体高度、坡度及其岩体组成等因素的影响较大。竖向卸荷裂隙，是在外力的剥离作用下形成的裂隙，具有明显的水平、波状等特点，该类裂隙由于其位置和坡度原因，很可能造成滑坡和坍塌等地质灾害。

3. 黄土淋滤裂隙

该类裂隙是下渗的雨水，溶解并将可溶性矿物携带走而导致的。淋滤裂隙以竖向裂隙为主，有明显的走向，个别情况下出现网状的特点。同时，在淋滤作用下所形成的裂隙，具有一定的张开状态，以助于水体的富集和流动。不同时期所形成的淋滤裂隙深度不同，且按层分布。

4. 黄土湿陷裂隙

黄土湿陷性裂隙形成的主要原因是，在上部压力作用下，黄土浸水体积缩小，造成裂缝的形成和开展。而浸水分为上部水的下渗和下部水的上浸，浸水方式不同所形成的湿陷性裂隙也不同。上部水下渗所形成的裂隙，长短不同，约为 1～30cm，深度小于 2m，具有明显的张拉剪切性。

5. 黄土胀缩裂隙

黄土胀缩裂隙形成的原因是，黄土中的强亲水矿物，吸水后出现胀缩现象，进而形成胀缩裂隙。胀缩裂隙的形式主要有垂直向及水平向裂隙，其裂隙发展过程中常常与已形成的小裂隙相关。失水体积缩小的黄土遇水后膨胀，使得之前所形成的裂缝之间的空隙缩小甚至闭合，如此反复会导致黄土结构的剪切变形。垂直裂隙的主要特点是，表面为网状结构；剖面为"V"形；表面粗糙，两边竖直；切割深度往往小于 3m，而水平裂隙往往是胀缩应力所引起的水平应力差导致的。

6. 黄土冻融裂隙

黄土冻融裂隙形成的原因主要是，黄土土体颗粒中的水，在低温作用下冻结，体积膨胀，当温度回升时冻结体融化，因为黄土颗粒变形恢复能力较小，所以土体中冰所占据的体积变成了空隙，在反复冻胀融化的作用下，裂缝宽度逐渐增加，久而久之便形成具有一定规模的冻融裂隙。

7. 黄土风化裂隙

长期风化作用下，强度较小的土体颗粒被剥离而形成风化裂隙。该类裂隙一般发育于黄土面 2.0m 左右，通常呈现网状结构，表现出凹凸不平和上宽下窄的特点。风化裂隙的形成受气候影响较大，一般在降雨量较大且温度较高的地区风化程度偏高。

4.1.3 黄土裂隙的发育规律

1. 黄土构造节理裂隙（缝）[3]

黄土高原地区的老黄土的风化程度较高，这是因为老黄土中所含的粘性颗粒较多，其中陇西黄土的构造节理发育程度高于陕北黄土的构造发育程度。

2. 黄土卸荷裂隙

卸荷裂隙位于坡地及塬边上部，在马兰黄土中的发育程度较高。其发育程度与该地区的地形破碎程度成正相关关系。在构造运动和侵蚀作用的影响下该地区的地形有显著的分区特点。

3. 黄土淋滤裂隙

气候在很大程度上影响着这一地区黄土淋滤裂隙的发育程度，降雨所连续的时间越长，水体的渗透程度就越高，裂隙的发育程度和淋滤作用与土体中的可溶性矿物的含量成正相关关系。由黄土高原的西北地区向东南地区方向，因为粘粒含量、土壤化程度等逐渐增强，因此其淋滤裂隙的发育程度呈现线性增长的趋势。

4. 黄土湿陷裂隙

黄土高原上湿陷性系数及湿陷深度具有很强的地域性，主要为由西北到东南逐渐降低。同时，表层土的湿陷性通常由地表水的下渗所导致的，而深部黄土的湿陷裂隙是有地下水上升所引起的，其深度受地下水水位及黄土的湿陷深度控制。

5. 黄土胀缩裂隙[4]

在黏土中，蒙脱石的含量和液限控制着其胀缩性，蒙脱石的所占的百分比大于7%或者液限≥35%，表明这类黏土有胀缩性。通常干燥的黄土没有胀缩性，但是在低洼地区和粘粒汇集较多的地方，便有了胀缩性。

6. 黄土冻融裂隙

土体颗粒的组成成分、气温等因素在很大程度上影响着冻融裂隙的发育程度，气温的高低与裂隙深度成反比关系。由于陇西地区的冻深约为80～120cm，而关中地区的冻深仅有60cm，因此冻融裂隙的发育程度由陇西至关中逐渐降低。

7. 黄土风化裂隙

风化裂隙的发育程度与该区域的土壤化程度和风化强度成正相关关系。因此，黄土高原地区的裂隙发育情况大致是，由西北至东南逐渐增强。

4.2　隧道下沉现象

因为隧道底部的膨胀土的承载力较小，且上部受到较大的围岩压力，极易引起隧道出现较大的沉降变形。因此，隧道采用三台阶七步开挖法进行施工，同时应加强开挖与支护之间的衔接；用劈裂注浆法，加强超前支护效果；仰拱采用全断面法施工，及时闭合仰拱。

在地下工程施工期间，所采用的爆破、开挖等施工方法，或多或少的打破了围岩原有的稳定状态，并向新平衡转化。开挖所形成的临空面上部一定距离内的围岩应力进行重分部，具体表现为围岩及地表变形，对于埋深较小的隧道，则形成施工沉降槽。而施工沉降槽，在严重情况下会导致，地面塌陷，进而影响到地面及地下建筑物的稳定性和安全运营，个别情况下将会引起难以想象的灾害。因此，施工前，应仔细分析和计算施工带来的地表移动或变形，避免灾害的发生[5]。

地表变形主要有地表沉降和水平位移两种方式，而水平位移会引起地表屈曲变形和地表倾斜。施工所导致的围岩扰动，会造成隧道地表的位移及变形。同时，几乎任何形式的隧道施工，都会造成一定程度的变形及地表位移。

4.2.1　引起隧道下沉的主要因素

浅埋隧道的施工，以下几点原因常会导致地表沉降：

1. 地层土体特征

施工土体力学性质，直接涉及到隧道施工完成后上部的自然拱，而自然拱的形成在一定程度上降低了地表的沉降量。土体特征随条件而改变的特性，关系到隧道上部的沉降量。在隧道表面土层空隙比很大的情况下，在维持适宜含水量的前提下为极硬土性质时，所导致的地表沉降很小。

当上覆土层的孔隙比较大时，在维持最优含水量的前提下是极硬土的性质时，所造成的地表沉降较小，但失水后会引起超固结现象，形成较大的地表沉降。在隧道开挖后，极易在其周边尤其是在砂质土层中，造成坍滑想象。隧道顶部土层的性质决定了隧道开挖后拱顶下沉量对地表下沉量的影响。该类影响在砂层或砾砂层地区表现的尤为明显。

2. 地下水

地下工程大都建设于水位线以下，硐室开挖过程中或开挖完成后，所引起的地层应力的改变会造成地下水的下渗，形成渗水通道，引起地层失水以及地层胀缩效应，最终导致地表的大面积沉降及变形。地下水的作用使得围岩强度降低，造成隧道以上地层不稳定，这不仅增加了支护结构的围岩应力，同时也严重威胁着工程的施工安全，因此工程施工期间，应当严格控制地下水。

3. 地层应力释放[6]

根据收敛特征、位移等因素，调整隧道的上覆荷载。最理想的支护是，在允许地层结构产生位移的前提下，支护结构应力达到最大值。在地下工程中，尤其浅埋暗挖隧道中，为了降低地表沉降，应当注意将地表沉降量限定在固定值之内。通常采用预加固、快速成拱等技术进行控制。

4. 隧道施工方法[7]

（1）施工方法

隧道开挖时，通常根据实际地层条件，选用台阶法、断面法隔墙法等合适的方法进行开挖。其中，台阶法的地表下沉量最大，但施工简单，工程成本较低，在施工恰当的前提下能够符合地表沉降的规定。采用台阶法施工的隧道，多为单线隧道，台阶法的施工方法较多，选用时应紧密结合施工区的地质地形条件。

（2）开挖尺寸

开挖面无支护空间的大小，即开挖进尺，直接关系到地表和拱顶下沉量的大小，同时在一定程度上也影响着开挖稳定性。而软岩隧道，由于自稳能力差，所以应对其进行支撑。根据大量工程试验和实际施工经验，开挖过程中掌子面上所需要的支撑力仅为10MPa，同时该值的大小与上覆土层的厚度，土体性质等并无关联，只与隧道直径的大小呈线性关系。因此，工程施工期间当无支护间距<0.2D（D为隧道宽度）时，对支撑力并无要求，但当该值>0.2D时，则应相应的增加支撑力。因此，在围岩条件较差地区开挖隧道时，应当控制好进尺。

5. 施工速度

隧道开挖使地层形成一定的临空面，引起地表沉降，且地表沉降量的大小随时间的增长逐渐趋于定值。因此，应尽可能减少掌子面的暴露时间，有助于在一定程度上降低沉降量。

6. 结构类型和埋深的影响

隧道上覆土层厚度和隧道宽度之间比值叫做覆跨比。该比值的大小关系到地面沉降量的值。国内外研究表明，当覆跨比大于 1 时，施工难度较小，但当覆跨比小于 1 时，则开挖所需的辅助费用大大增加。另外，隧道硐室的结构类型对地表沉降量也有一定程度的影响，而圆形硐室截面的受力较为合理，有益于控制地表沉降。个别围岩条件较差的地区，在设置顶拱的前提下还应设置仰拱。

7. 衬砌

在复合式衬砌中，围岩荷载应由一衬承担，二衬不承受任何荷载。因此，地层变形情况在很大程度上与一衬支护刚度有密切的联系。但在支护初期应保证支护结构的弹塑性，预留适宜的允许变形空间。虽然二次衬砌不承担荷载，但根据实际施工经验，一衬与地表稳定之间的时间间隔较长，待二衬施工完成后，地表趋于完全稳定，所以应及时进行二次衬砌[8]。

综上可知，地表沉降的影响因素非常复杂，要搞清其原因，不仅需要详尽的理论分析，还需要更为具体的现场试验的支撑，在理论分析与试验值结合的基础上，所得到的结果较为理想。

4.2.2 隧道下沉的现场监测

为有效控制因开挖引起的地层地表沉降，有效结合工程监测和数值模拟，通过相互验证和补充，保证工程施工安全有效的进行。这样不仅增加了工程的经济效益，也保证了工程安全。

1. 现场监测的必要性

土的性质和特性具有明显的区域性特点，主要原因是，土的组成成分、地貌等特性与该地区的气候环境有关。因此，即使是同一地区的施工经验、计算数据也不能照搬到下一工程中。开工前，应当将仔细研究施工区域的地质情况勘察资料，给隧道施工提供详细的地质情况，但即使再详细的勘察也有一定局限性。在盾构施工中，按照施工前所得的地质勘查资料，所设计的开挖路线精确度难以达到工程目标，因此应在施工中实时进行监测和反馈，确保工程施工安全。

2. 监测目的

施工前应对地层变形与沉降现场监测方案进行设计，设计方案应全面考虑施工段的地质情况、周围环境和施工现场的工程结构等。同时，借助现场的实测数据和数值模拟结果，及时调整施工过程中所用到的参数，保证施工安全有效的进行。

现场检测的主要目的是：通过对现场实测数据的数值模拟和分析，对掌子面前方的工程地质情况做相关预测，及时制定相应的施工措施，消除安全隐患；同时根据工程实测数据和数值模拟结果，评价施工周边的施工环境，以减少工程措施费；整理该地区施工资料，给相近施工以参照依据；核实理论计算的准确度；仔细论证施工安全度，确保施工安全，减小发生工程灾害的概率，以减小工程费用。

3. 监测项目

按照相关设计规范，应当仔细检测施工关键部位：

（1）隧道结构变形监测

结构变形监测的主要内容有：结构内部混凝土的收缩情况、支护管片接口的空隙、衬砌结构的变形情况及隧道空间的三维位移情况等。

常用的监测仪器有：收敛仪、全站仪、测微计等。

(2) 地层土体变形沉降监测[9]

地层土体变形监测范围有：施工区域的地层沉降量、水平位移、隧道拱顶沉降量、孔隙水压力等。

常用的监测仪器主要有：水准仪、经纬仪及分层测压仪等。

4.2.3 隧道沉降控制技术

以小河沟隧道为例，对隧道沉降控制技术进行研究，实际处理方法如下所述：

1. 地表处理

当监测到一定的下沉量时，应当立即施做混凝土天沟，混凝土采用C25，天沟尺寸为1.6 m×0.6 m，厚度为0.3m。在影响范围内，采用快硬水泥封堵裂缝，并用彩条布防止雨水下渗。同时，按照间距3.0m，长度4.0～6.0m，注浆管直径为42mm，按照实际观测情况控制注浆量。注浆堵水完成后，采用Φ8，网孔为10cm×10cm钢筋网和强度为C25的混凝土进行挂网支护，混凝土的厚度控制在10cm左右。（这么具体的数字不具有通用性，应该是某一具体工程的，应该指明，下同）。

2. 洞内处理

(1) 洞内回填土

发现下沉后，应及时组织施工人员清理硐室内部的施工设备，并将弃土场中的废弃土运送到硐室内，堆积高度应在3m以上，同时采用重型机械压实。施工过程中，应派专人指挥，避免硐室内因光线较暗发生工程事故。

(2) 施打锁脚锚杆

对变形较大的区域采用6根，长度为6m的ϕ108mm导管，进行注浆加固；对变形较小的区域，采用4根长度为4m的ϕ42mm导管，进行注浆加固，以控制钢架底脚变形过大。

(3) 增设横向和竖向钢管支撑

拱脚采用直径在200～250mm范围内的圆钢管，且钢管之间的间距为1.2m，由掌子面至洞口方向进行支撑；采用Φ200～250mm的内部注浆管，每根相距1.2m对隧道进行竖向支撑。待其稳定，再开挖。

(4) 洞内注浆

拱腰以下的部位采用长6.0m竖向相距1.2m，环向相距1m的径向小导管。拱顶处，按照工程实际进行适当改变。

3. 洞口处理

洞口处，根据实际地形，进行适当的刷坡处理，同时在两侧增加长宽高分别为10m、3m和8m的片石混凝土仰坡。

4. 监测

应在所有资料整理分析完成之后，再开始施工。换拱时，应相应增加监测频率，加强数据分析和整理。

5. 开挖支护

在仔细分析监测数据的基础上，实施隧道开挖，具体开挖工序：监测→分析→支撑拆除→回填土开挖、支护→仰拱开挖支护→仰拱混凝土浇筑→测量隧道断面→换拱、重新支护→二衬施做。

6. 特殊段落二衬支护

根据计算结果，当初期支护的支护厚度小于15cm时，应当加强支护措施，以达到支护效果。当二衬厚度>35cm，应增加混凝土强度等级再进行施工；对于一衬侵入界线的情况，应进行换拱，实际操作时，应待洞外处理完成稳定后进行换拱。采用隔三榀换一榀进行刚架更换处理，同时应增加刚架更换期间的监测频率，密切关注刚架的受力变形情况，待刚架更换完成并稳定后，对其进行混凝土的喷射作业。但在下沉段落中，采用标号为是C40的混凝土，直径为25mm的钢筋，间距不变。

7. 注浆情况

注浆选取的浆液为42.50的普通硅酸盐水泥，水灰比为1∶1，注浆初压为0.5～1MPa，后期压力为1.5MPa，应当采用自上而下的施工方式，同时，应当以单管压力达到标准值为目标。

8. 处理效果

通过对支护完成后的沉降监测数据进行分析，得出最终的沉降处理是成功的，处理完成后并未发现新的沉降，且隧道结构已趋于稳定。

4.3 围岩的膨胀突出与坍塌现象

4.3.1 坍塌原因

隧洞开挖完成后，所形成的临空面造成围岩应力重分布，造成土体向洞内凸起，引起隧洞界面减小。当凸起的土体所受的支撑力不足时，会造成围岩破碎会隧洞坍塌灾害。坍塌原因有：

1. 地下水渗流

隧道施工过程中，黄土遇水软化严重，当土体暴露时间过长的情况下，在地下水的作用下，土体中的部分矿物质被冲走，而损坏了土体结构，同时产生崩解破坏，常常在拱脚和墙角部位出现失衡而塌陷的现象。

2. 土体强度低

由黄土自身的工程特性较差，开挖后因其抗剪能力较差，自稳时间较短，极易导致开挖面的垮塌。

3. 应力重分布

隧道施工打破了原有的稳定的地层应力，然后在开挖条件下又进行应力重分部。

4. 施工扰动

自然状态下的土体，结构合理且处于平衡状态，隧洞的开挖打破了原有的平衡状态，使得土体强度减小，导致局部应力集中，引起塌方等灾害。

5. 施工工艺的影响

作业循环时间长，土体暴露时间过长，不能及时喷浆封闭；坡脚积水及淤泥难以清除干净，软化拱脚围岩及喷浆不密实，导致拱脚承载力变差；钢筋网与围岩不密贴，喷浆不密实，初期支护与围岩间存在空隙；台阶长度不合理及上下台阶施工的相互干扰，造成上台阶拱脚悬空时间过长等，施工中存在的上述问题都可能引起黄土隧道坍塌[10]。

4.3.2 预防措施

隧道施工期间围岩的膨胀性突出及坍塌问题，不仅降低了施工速度，而且增加了工程的施工难度，同时会给隧道施工安全造成极大的安全隐患。因此，如何预防和控制围岩稳定性意义重大。因此，在开挖时尽量少扰动，进行超前导管支护，初期支护要及时，支护强度要符合最低要求。

（1）治水，是黄土隧道施工的重中之重。隧道开挖前，就应做好洞口仰坡处理，避免地表水流入洞内；隧道开挖后，应选用排、堵组合的方法控制地下水的渗流；在施工过程中，为了避免洞内积水浸泡拱脚和墙角，降低结构承载力，应当及时采取措施排除洞内积水；对于施工用水，应通过加强管理，避免渗水，保证废水外排的通畅，避免人为原因造成的塌方[11]。

（2）用超前小导管超前支护。超前小导管，是通过改变掌子面前方围岩的初始应力，起到棚架和锚杆的作用，所注入的浆液改变了围岩的力学参数，达到超前支护的目的。

（3）隧道施工采用环形开挖保留核心土的方法，因为核心土不仅可以降低硐室内部的临空面，还可以保证围岩稳定性，也为初期支护的施工提供了施工空间。开挖过程中的短进尺施工技术，有效利用了掌子面随周围土体的约束作用，同时实现了对软弱围岩快速支护的要求。

（4）采用湿喷法加固硐室。干（湿）喷中，是通过喷嘴控制加水量的，而水量的多少是通过施工工人的施工经验确定的。因此，这种施工方法有较大的随意性，很难达到理想的水灰比，其混凝土强度也很难控制。而湿喷法所用的混凝土，是按照规定的配合比事先配合完成的，保证了所用混凝土的强度。

（5）加强初期支护。通过钢拱架，挂网锚喷等加固措施，限制围岩变形，使围岩应力重分布。

（6）快速实施初期支护。土体含水率超过15％时，隧道施工期间，侧壁围岩处于不稳定状态而滑落。但此时的围岩整体上是稳定的，由于黄土的自身特性、裂隙的发育、含水量的增加等原因，造成土体的剥离现象。隧洞施工完成后，应立即喷射厚度为5cm的混凝土。该混凝土层会在黄土表面形成一层封闭的保护层，有效降低了围岩的风化速度，地下水的渗流作用。同时，为了降低超挖的危害，应用混凝土对超挖部位进行填补。

（7）仰拱紧跟，早封闭。隧道开挖过程中，应尽快对仰拱进行超期衬砌，形成一个完整受力结构，保证结构的稳定性。同时，尽早封闭基岩面，避免水体浸泡墙角，降低土体的承载力。尽可能降低隧道施工期间，机械对围岩的扰动，并适当提高施工效率。

（8）仰拱紧跟，早封闭。仰拱的施工应在衬砌之前进行，紧随隧道掘进进行。这样不但能够迅速封闭仰拱，得到一个稳定的受力体系，还可以将基岩面封闭，避免墙角因浸泡导致承载力的损失；同时还可以减少施工机械对围岩的扰动。

（9）通过现场监控量测信息指导施工，修订初期支护参数。监控测量作为现代化施工的重要组成部分，应贯穿整个施工过程，实时监测不仅可以预报施工前方的工程地质情况，保证施工安全，同时也可以对支护结构的作用效果进行有效的评价，还可以为类似工程提供宝贵的施工经验[12]。

4.3.3 应急处理措施

应急措施主要有以下几点[13]：
（1）严格监督各个部门的安全工作。
（2）核查施工方的安全应急救援措施的有效性，并敦促其按时举行模拟演练。
（3）对现场所发生的工程事故，应根据相关国家规定，逐级上报，以便于及时有效的对受困人员进行搜救影响。
（4）针对特殊工程问题，制定合理的方案，同时将工程实际情况报给相关部门，以降低工程问题所带来的损失。
（5）处理安全事故时，配合有关部门的工作，提供所需的工程材料，以便及时有效的处理安全事故。

4.4 底鼓现象

4.4.1 底板隆起成因

1. 围岩性态
围岩性质和特点，间接的影响底鼓的程度。

2. 岩体应力
只有在岩体应力达到一定值时，才能造成底鼓，同时底鼓量与应力大小成正相关关系。

3. 水理作用
水作为隧道病害的罪魁祸首，几乎大部分的隧道病害均有水的作用在隧道底鼓中水的作用主要是：弱化围岩强度，对一些膨胀性岩层，岩石吸水后体积会迅速膨胀，产生膨胀应力，从而产生膨胀性底鼓；使节理性岩体易崩解碎裂，其强度大幅度降低。

4. 支护形式
对膨胀性隆起，若想完全依靠支护刚度来控制隆起，既不经济也不现实，即使采取刚度较大的支护结构，仍不能有效控制膨胀性隆起变形。国内外工程实践均表明，柔性支护是控制膨胀性围岩隆起的有效方法[14]。

5. 隧道断面形状
通过有限元分析，在所有条件相同的情况下，直墙半圆拱的底鼓量要比圆形隧道的底鼓量大一半以上。且施作仰拱的隧道要比不施作仰拱的所产生的底鼓程度较小，因此在隧道围岩性质和支护状况基本上相同的条件下，仅仅是隧道顶底形状上的差异，便可使底鼓量相差许多。

4.4.2 底鼓估算公式的组合方式

综上，按照我国相关规定对软岩工程的分类，可将软岩隧道的底鼓类型划分为以下几种类型：膨胀性软岩底鼓、高应力软岩底鼓、节理化软岩底鼓等。

（1）根据岩石的全应力应变曲线，当岩石进入塑性区时，有显著的体积增加的现象。同时，体积增加极易造成隧道位移。所以，土体体积的增加也是影响隧道底鼓的一个重要原因，同时岩石的流变性，也是一个重要因素，它使使得底鼓量与时间成正相关。

（2）拱体形变，造成塑性挤入，使得边墙收敛。同时，分析底鼓的形成原因，当计算边墙收敛时应当着重分析弯曲的影响。

（3）理论上，材料的变形都应经过相应的弹塑性阶段。在围岩应力较小，且影响深度较浅的情况下，底鼓所产生的损害较另外因素所造成的量值偏小。所以，可以忽略弹塑性形变所导致的底鼓。综上，对底鼓量的计算公式如表 4-2 所示。

表 4-2 隧道底鼓量计算组合方法

软岩类型	变形机理	变形特征	底鼓量计算					组合方式
			μ_1	μ_2	μ_3	μ_4	μ_5	
膨胀性软岩	遇水发生物理化学反应	塑性挤入底鼓	×	√	√	√	√	$\mu = \mu_2 + \mu_3 + \mu_4 + \mu_5$
高应力软岩	岩石在高应力作用下变形	岩爆、片帮、塑性挤入	√	√	√	×	√	$\mu = \mu_1 + \mu_2 + \mu_3 + \mu_5$
节理化软岩	强度低、完整性差、结构面发育	全面塑性挤入、扩容、掉块	×	√	√	×	√	$\mu = \mu_2 + \mu_3 + \mu_5$
高应力强膨胀复合软岩	高应力下加剧围岩膨胀	片帮、底鼓、塑性挤入	√	√	√	√	√	$\mu = \mu_1 + \mu_2 + \mu_3 + \mu_4 + \mu_5$
高应力节理化软岩	节理、结构面在应力作用下滑移、变形	滑移、扩容、崩解	√	√	√	×	√	$\mu = \mu_1 + \mu_2 + \mu_3 + \mu_5$
高应力节理化强膨胀复合软岩	综合作用	拥有多种变形特征	√	√	√	√	√	$\mu = \mu_1 + \mu_2 + \mu_3 + \mu_4 + \mu_5$

4.5 衬砌变形破坏及其主要计算方法

衬砌破坏原因大致有干缩裂隙、温度裂隙和载荷变形裂隙等。

干缩裂缝的特点为，纹理细小，走向无规律，通常发生于衬砌结构的表面。掘进方式、水灰比、回填等施工过程是导致裂缝的主要原因。此外，拆模过早、回填不密实和混凝土的干缩等，也是导致混凝土裂缝的主要因素[15]。

水泥水化所生成的热量，在混凝土结构的内部和表面，形成梯度应力，在梯度应力大于混凝土约束力的条件下，造成了温度裂缝。因为混凝土所具有的热胀冷缩及干缩性，而衬砌结构外部的围岩限制了衬砌结构的变形，因此该温度应力发生于衬砌结构内部，而温度应力值，与混凝土自身性质、水灰比、温差、隧道长度等因素相关。混凝土构件自身的抗拉强度较小，但是温度上升所引起的压应力小于当温度下降时所形成的拉应力，而这种应力差往往会导致裂缝由衬砌结构的中部形成。

根据实际调查，纵向裂缝是裂缝总长度的59%，为主要裂缝形式。而拱腰内缘拉裂等破坏是比较常见的破坏类型。但拱部压力较大。出现这种荷载的原因主要有：施工工艺的局限性；爆破技术的精准度不够；围岩的破碎程度较高等[16]。

使得上覆荷载由拱顶传至拱腰，在拱腰部位形成"马鞍形"受力情况。该类型的受力情况与设计不同，造成拱顶内缘出现压裂缝。

在工程建设过程中，工序衔接不好，是形成施工缝的主要原因。在混凝土施工期间，可能会出现停电、机械故障等不可预知原因，使得混凝土浇筑工作停顿，而继续施工时，未对原有混凝土表面进行相应的处理，而造成连接面之间的裂缝。

在整体式衬砌中，常造成如下影响：

（1）对于先拱后墙法施工，而围岩压力导致拱脚收缩，造成向上扭曲变形或折断现象。

（2）在上覆压力的作用下，发生拱顶下沉或向上凸起，形成张拉裂缝或衬砌脱落的现象。

（3）拱腰部位形成纵向发展裂隙，同时可能会接着发展。

（4）在直墙式边墙中，受膨胀作用形成开裂，少数去边墙发生水平裂缝的现象。

（5）在底部未做垫层的情况下，常常会发生底部隆起及铺底破坏等现象。

按照二衬裂缝发育情况，可将其修补办法分成3类：

①当裂缝宽度小于0.3mm时，通常用修补胶进行修补，然后对其刷涂料，使裂缝部位的颜色相同。

②当裂缝宽度在0.3mm～0.5mm范围内时，以注浆法进行补救。注浆材料为环氧树脂，其施工方法如下：

（1）采用清洁压缩空气，清除裂缝中的污物。

（2）利用适宜的材料，封堵裂缝，并间隔相同的范围固定注射筒底座。

（3）待胶体凝固后，再实施注浆。

（4）在裂缝内部的浆液凝固后，去掉注浆设备，借组相应的设备整平混凝土表面，并注意养护。

③当裂缝宽度超过0.5mm时，应当先采用地压注射法进行修补，尤其出现在围岩不稳定的配筋混凝土二衬上，挑选适当的材料进行补强。

因为，隧道内部的地质条件非常复杂，假如按照固定的分析设计模式对隧道的衬砌结构、几何尺寸等进行设计，将很难达到理想的效果，所以隧道的设计、施工具有很大的盲目性。而随着科学技术的不断发展，超前探测技术及新材料，新工艺的投入使用，以及理论的发展，隧道工程中的结构构件的可靠程度已经达到了非常理想的程度。

现阶段，对隧道结构可信度的研究有着一定的发展，但大都局限于单个截面的研究。但隧道结构是由多个截面联合组成的复杂的超静定结构，单个截面的破坏，并不意味着隧道整体结构的破坏，所以隧道衬砌结构的稳定性属于衬砌结构体系的稳定性问题。研究黄土隧道截面的稳定性期间，应当在整体结构稳定性的基础上进行，展开对其体系组成部分可靠度的研究，方可得到较为理想的结论[17]。

4.5.1 荷载结构法

荷载结构法，是指在抗力系数一定的前提下，根据计算所得上覆荷载，结合结构力学的相关知识，得出衬砌结构的内力及变形。

1) 基本未知量与基本方程

以衬砌结构的节点位移为基本未知量，根据最小势能原理可得系统整体平衡方程：

$$[K]\{\delta\} = \{p\} \tag{4-1}$$

式中　$\{\delta\}$——由衬砌结构结点位移组成的列向量，$\{\delta\} = [\delta_1, \delta_2, \cdots, \delta_m]^T$；

$\{p\}$——由衬砌结构结点荷载组成的列向量，$\{p\} = [p_1, p_2, \cdots, p_m]^T$；

$[K]$——衬砌结构的整体刚度矩阵，为 $m \times n$ 阶方阵，m 为体系接点自由度的总个数。

2) 单元刚度矩阵

假定梁单元于局部荷载作用下节点位移为 $\{\bar{\delta}\} = [\bar{\mu}_i, \bar{\nu}_i, \bar{\theta}_i, \bar{\mu}_j, \bar{\nu}_j, \bar{\theta}_j]^T$，与之对应的结点力是 $\{\bar{f}\} = [\bar{X}_i, \bar{Y}_i, \bar{M}_i, \bar{X}_j, \bar{Y}_j, \bar{M}_j]^T$，则有：

$$\{\bar{f}\} = [\bar{k}]^e \{\bar{\delta}\} \tag{4-2}$$

式中　$[\bar{k}]^e$——为梁单元在局部坐标系下的刚度矩阵。

$$\{\bar{f}\} = [\bar{k}]^e \begin{pmatrix} \frac{EA}{l} & 0 & 0 & -\frac{EA}{l} & 0 & 0 \\ 0 & \frac{12EI}{l^3} & \frac{6EI}{l^2} & 0 & -\frac{12EI}{l^3} & \frac{6EI}{l^2} \\ 0 & \frac{6EI}{l^2} & \frac{4EI}{l} & 0 & -\frac{6EI}{l^2} & \frac{2EI}{l} \\ -\frac{EA}{l} & 0 & 0 & \frac{EA}{l} & 0 & 0 \\ 0 & -\frac{12EI}{l^3} & -\frac{6EI}{l^2} & 0 & \frac{12EI}{l^3} & -\frac{6EI}{l^2} \\ 0 & \frac{6EI}{l^2} & \frac{2EI}{l} & 0 & -\frac{6EI}{l^2} & \frac{4EI}{l} \end{pmatrix} \tag{4-3}$$

式中　l——为梁单元的长度；

A——为梁的截面积；

I——为梁的惯性矩；

E——为梁的弹性模量。

对于整体结构，应将单元刚度矩阵 $[\bar{k}]^e$ 转化为结构整体坐标系中的单元刚度矩阵 $[\bar{k}]^e$：

$$[\bar{k}]^e = [T]^T [\bar{k}]^e [T] \tag{4-4}$$

$$[T] = \begin{pmatrix} \cos\beta & \sin\beta & 0 & 0 & 0 & 0 \\ -\sin\beta & \cos\beta & 0 & 0 & 0 & 0 \\ 0 & 0 & 1 & 0 & 0 & 0 \\ 0 & 0 & 0 & \cos\beta & \sin\beta & 0 \\ 0 & 0 & 0 & -\sin\beta & \cos\beta & 0 \\ 0 & 0 & 0 & 0 & 0 & 1 \end{pmatrix} \quad (4-5)$$

3）地层抗力的作用模式

地层弹性抗力如下式：

$$F_n = K_n \cdot U_n$$
$$F_s = K_s \cdot U_n \quad (4-7)$$

$$K_n = \begin{cases} K_n^+ & U_n \geqslant 0 \\ K_n^- & U_n \leqslant 0 \end{cases} \quad (4-8)$$

$$K_s = \begin{cases} K_s^+ & U_s \geqslant 0 \\ K_s^- & U_s \leqslant 0 \end{cases} \quad (4-9)$$

式中　F_n, F_s——分别为法向和切向弹性抗力；

K_n, K_s——为相应的围岩弹性抗力系数。

这一方法的重点在于，将支护结构的上覆荷载及围岩和衬砌结构之间的相互作用原理确定下来，这一问题的解决，在很大程度上方便了之后的工作。

4.5.2　地层结构法

地层结构法的特点是，不需要单独计算围岩压力与围岩的弹性抗力系数。该方法将衬砌结构和围岩看成整体，根据相关力学方法算出衬砌及围岩的内力及变形情况。

令施工步表示一个相对完整的施工阶段，并设每个施工步包含若干个增量步。各该施工步产生的开挖释放荷载在所包含的增量步中逐步释放，每个增量步荷载释放量由释放系数控制。对各施工步，采用地层结构法计算时有限元分析的表达式为：

$$[K]_i \{\Delta\delta\}_i = \{\Delta F_r\}_i + \{\Delta F_g\}_i + \{\Delta F_p\}_i (i = 1, L) \quad (4-10)$$

$$[K]_i = [K]_0 + \sum_{\lambda=1}^{i} [\Delta K]_\lambda (i \geqslant 1) \quad (4-11)$$

式中　L——施工步数；

$[K]_i$——第 i 施工步岩土体和结构总刚度矩阵；

$[K]_0$——岩土体和结构施工开始前存在时的初始总刚度矩阵；

$[\Delta K]_\lambda$——施工过程中，第 λ 施工步的岩土体和结构刚度的增量或减量；

$\{\Delta F_r\}_i$——第 i 施工步开挖边界上的释放荷载的等效结点力；

$\{\Delta F_g\}_i$——第 i 施工步新增自重等的等效结点力；

$\{\Delta F_p\}_i$——第 i 施工步增量荷载的等效结点力；

$\{\Delta\delta\}_i$——第 i 施工步的结点位移增量。

伴随非线性有限元在岩土材料方面的发展及推广，比如：FLAC、ANSYS 和同济曙光等软件，在计算衬砌结构所受内力的同时，还能够模拟开挖面的沉降，衬砌结构的变形情况等过程。从模拟效果上可以看出，有限元法较真实的反映了衬砌结构与围岩的共同作用情况。但是该计算方法，难以计算隧道开挖过后所释放的部分应力，而此应力的确定，需要现场实测数据的支持。

4.5.3 基于有限元共同作用的荷载结构法

在有限元计算模型中，将围岩密度定义成 0，根据相关设计范，荷载施加于岩体边界，而围岩的作用是，传递和重分布荷载。该原理的特点是，将二维单元用温克尔弹簧单元替换，建模过程中应注意以下几个方面：

（1）计算范围：根据广泛的研究和总结，计算范围设为隧道界面直径的 5 倍较为理想，较小则得不出理想结果，较大的话会增加工作量。

（2）边界条件：在新的荷载结构计算模型上，分析结果的准确度，在一定程度上受到位移边界条件的限制。

（3）岩土材料的本构关系：可供选用的主要有线弹性、弹塑性等。

（4）平面应力和应变模型中所设定的侧压系数是 0，而此时的泊松比设定成 0，且竖向及水平向荷载是分开计算的。

（5）关于荷载的大小

按照相关隧道式设计规范计算荷载值便可。在浅埋隧道工程中，推荐谢家杰公式：

$$P = rh(1 - b_k h/B) \tag{4-12}$$

对于深埋隧道工程，新发行的隧道设计规范，根据对大量数据整理运算得出围岩压力计算公式：

$$P = rh \tag{4-13}$$

$$h = 0.41x \cdot 1.79^s \tag{4-14}$$

式中 s——围岩级别。

根据上述公式可得，压力只与 s 相关。该方法的优点在于，不仅将围岩和衬砌结构之间的相互作用考虑在内，同时运用了上述荷载计算公式的优点，具有很高的可信度和权威性。其缺点在于，不能计算因工程施工所导致的地表沉降。

参考文献

[1] 黄涛，杨立中. 隧道裂隙岩体温度—渗流耦合数学模型研究 [J]. 岩土工程学报，1999，05：554-558.

[2] 张明德. 岩溶隧道围岩渗流场分布和衬砌水压力特征研究 [D]. 北京交通大学，2008.

[3] 段树涛. 注浆技术在治理隧道裂隙水中的应用研究 [J]. 山西建筑，2010，11：329-330.

[4] 贺鹏旭，毛建安. 隧道裂隙含水围岩非均质各向异性张量应用分析 [J]. 西部探矿工程，2004，08：104-106.

[5] 黄腾，孙景领，陶建岳，黄昱旻. 地铁隧道结构沉降监测及分析 [J]. 东南大学学报（自然科学版），2006，02：262-266.

[6] 张洪宇，袁勇，赵慧玲，柳献. 软土地基隧道沉降规律的初步分析 [J]. 工程勘察，2010，S1：434-441.

- [7] 冯丙阳. 膨胀性黄土隧道大变形演化特征及支护对策研究 [D]. 山东大学, 2014.
- [8] 范思邈, 周奇才, 熊肖磊, 赵炯. 基于多核模式的隧道沉降预测 [J]. 岩土力学, 2013, S2: 291-298.
- [9] 郑永来, 刘曙光, 韩文星, 杨柳峰, 童琪华, 杨林德. 软土隧道渗漏对隧道沉降影响分析 [A]. 中国岩石力学与工程学会. 第八次全国岩石力学与工程学术大会论文集 [C]. 中国岩石力学与工程学会: 2004: 4.
- [10] 轩俊杰. 黄土隧道变形规律研究 [D]. 长安大学, 2008.
- [11] 曹志豪. 延安地区黄土隧道围岩分级研究 [D]. 长安大学, 2013.
- [12] 王华楠. 预防黄土隧道坍塌现象的施工措施 [J]. 交通世界（建养.机械）, 2013, 06: 289-290.
- [13] 张翾. 大断面黄土隧道支护结构力学特性研究 [D]. 北京交通大学, 2010.
- [14] 冯丙阳. 膨胀性黄土隧道大变形演化特征及支护对策研究 [D]. 山东大学, 2014.
- [15] 杨词光. 都汶公路地震前后地应力场演化规律与软岩隧道底鼓防治研究 [D]. 成都理工大学, 2012
- [16] 张华兵, 倪玉山, 赵学勐. 黄土隧道围岩稳定性粘弹塑性有限元分析 [J]. 岩土力学, 2004, S2: 247-250.
- [17] 吕庆林, 王淑华. 黄土隧道的地表变形病害分析及治理 [J]. 西部探矿工程, 2006, 11: 133-135.

5 膨胀性黄土隧道施工管理措施

5.1 标准化管理措施

为满足将安全、质量、工期、投资控制（成本控制）、环水保、科技创新六个方面融为一体的"六位一体"管理体系，应当遵循"四个标准化"的施工管理要求。在施工中，采用先进的工程机械和合理的工程管理模式，确保工程的保质保量完成。

1. 管理制度标准化

通过建立由设计施工到工程验收等一系列工序，将工程建设制度化、规范化，同时在保证工程质量及工期的前提下，做到工程效益最优化。

2. 人员配备标准化

组建工程架子队时，应以标准化为基础，组建时应以精干、高效、稳定等要求为前提。

3. 现场管理标准化

在进入工程施工阶段之前，认真规划施工现场，在达到工程施工要求的前提下，充分考虑防火、防洪灾害。采取相应的工程管理和防护措施，保证工程质量和工程安全，加大环境保护及水土保持等力度。

4. 过程控制标准化

施工准备阶段：指挥部的组建原则上由集团公司牵头组建或由集团公司指定的工程公司组建指挥部，代行局指挥部职责，资源由集团公司统一调配；项目选址由指挥长负责在进场前组织相关人员按照安全和管理要求进行调查，确定选址方案后，报建设项目管理机构备案；项目总工程师负责各工区上报方案的审查，统一建设标准，经指挥长批准后实施；工程公司根据参建工区承担任务情况及工程特点，确定架子队数量，负责调派或组建。

工程施工阶段：指挥部明确质量控制目标；建立健全质量管理体系；夯实质量管理基础工作；明确安全控制目标；健全安全管理体系；强化环保保证体系；指挥部要制订技术创新管理办法，明确考核办法，对奖励范围、评审条件、奖励等级、奖励金额、奖金分配进行明确，并监督执行。

5.2 质量管理措施

5.2.1 质量目标

指挥部的质量控制目标，应符合且不低于建设单位的总体质量管理目标（1）总体目标：

确保全部达到国家、铁道部现行的铁路工程质量验收标准,开通速度达到设计目标值要求,满足全线创优规划要求。(2)具体控制目标:依据《铁路工程质量评定验收标准》要求,单位工程合格率100%;分部工程一次验收合格率100%;分项工程一次检查合格率100%。隧道不渗、不漏、不裂;桥梁内实外美;路基不塌不陷;挡护饱满稳固;涵洞不沉不裂。杜绝重大、大质量事故;将一般质量事故控制在最低限度;力争消除工程质量通病。所做工程要开工必优,一次成优,杜绝返工;内实外美,不再修补;结构准确,尺寸无误。

5.2.2 创优规划

1. 创优目标

保证以较高的工程质量要求,完成工程各个部分的施工,符合建设单位的全线创优规划。

2. 创优要求

根据相关工程质量管理办法和细则,派遣QC小组,通过书面、照片和录像等形式记录工程施工过程,确保以高质量为目标完成工程施工。

3. 创优措施

通过建立健全工程质量管理体制,强化施工人员提高工程质量的意识;在坚持开工必优,样板先行的基础上,建立相关奖励机制,控制施工质量[1]。

5.2.3 质量保证及管理体系

1. 质量管理组织机构

所有参建部门,应当以工程质量为首要目标,对本部门的组织机构进行调整和建设,建立相应的领导小组,严把质量关,增加施工质量的教育,引导和检测制度,做到规范化生产确保工程施工高质量完成。

2. 质量保证体系

在施工过程中,应当坚持"以人为本、科技创新、依法治企、诚信守诺、建设单位满意"的原则,按照"六位一体"要求建立质量保证体系,借助科学的管理办法,提升质量管理体系的监督作用,从各个施工基础部分做起,保证工程质量。质量保证体系如图5-1所示。

3. 质量管理体系

讲质量控制体系与工程的特点和建设单位的质量要求相结合,在整个工程施工过程处于控制的状态下,确保整个施工过程的有序进行[2]。质量管理体系如图5-2。

5.2.4 质量保证措施

1. 组织管理保证措施

(1)配备强有力的项目部领导班子。

通过对管理人员的质量意识、领导水平、施工经验等素质的控制,并在运用先进工程设备和人员组织方式的基础上,确保施工质量体系的正常执行,实现高质量的施工目标。

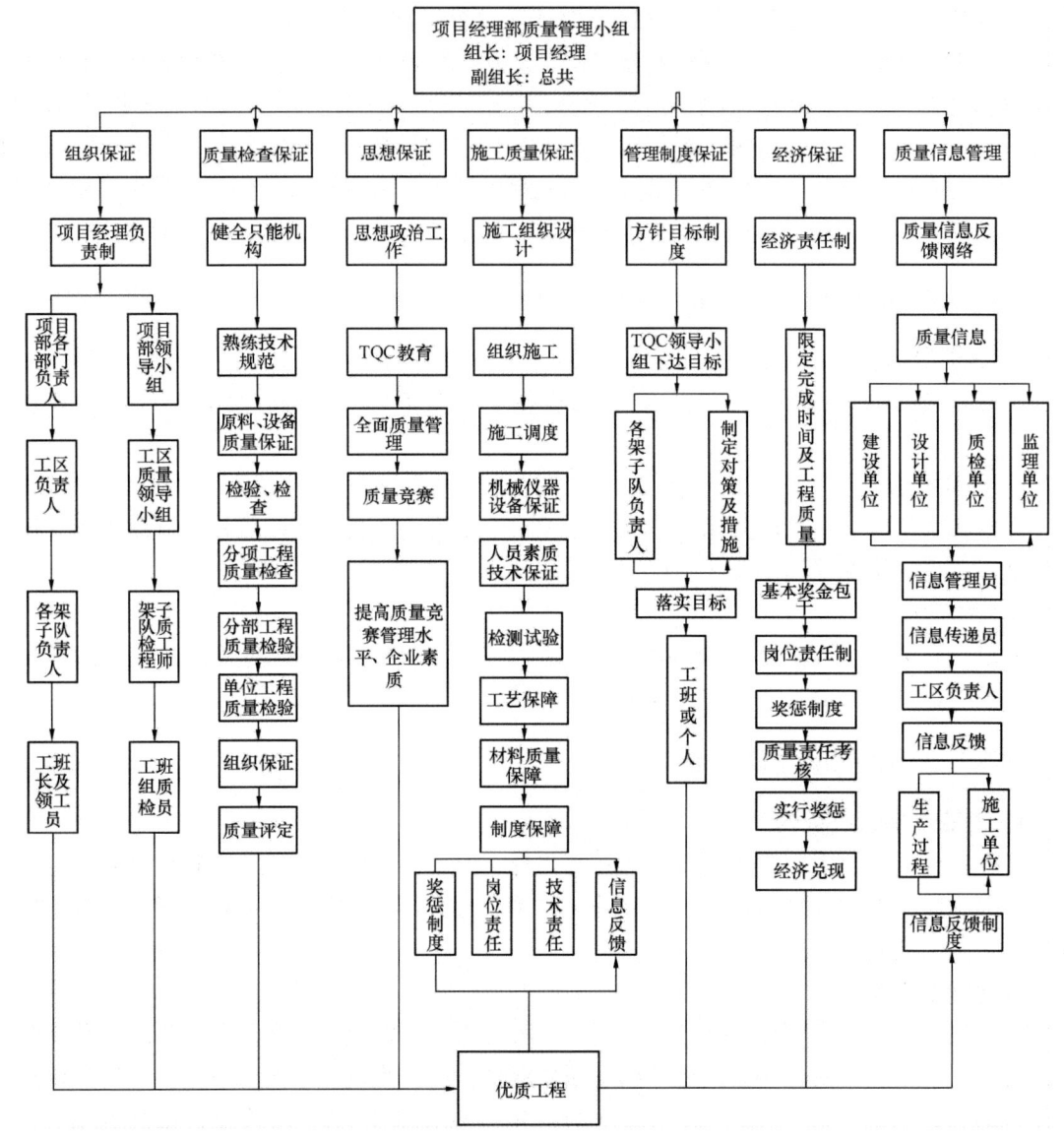

图 5-1 质量保证体系

（2）强化项目技术、质量的监测力度。

①在组件项目负责人团队时，应选择具有较高的适应能力、技术水平以及创新能力和较丰富施工经验的团队。

②在项目经理相关部门设立实验中心，引进一批经验丰富的技术员并配备先进的仪器设备，在先进测试仪器的基础上，采用先进的检测试验手段，研究并制定出符合建设、监理单位要求的测量、试验相关工作细则，积极配合监理部门及质检人员进行施工质量的控制与检验。

（3）抽调整合专业的架子队伍。

根据工程的实际情况和当前模块化、专业化的原则，进行施工任务划分，将桥梁隧道等

5 膨胀性黄土隧道施工管理措施

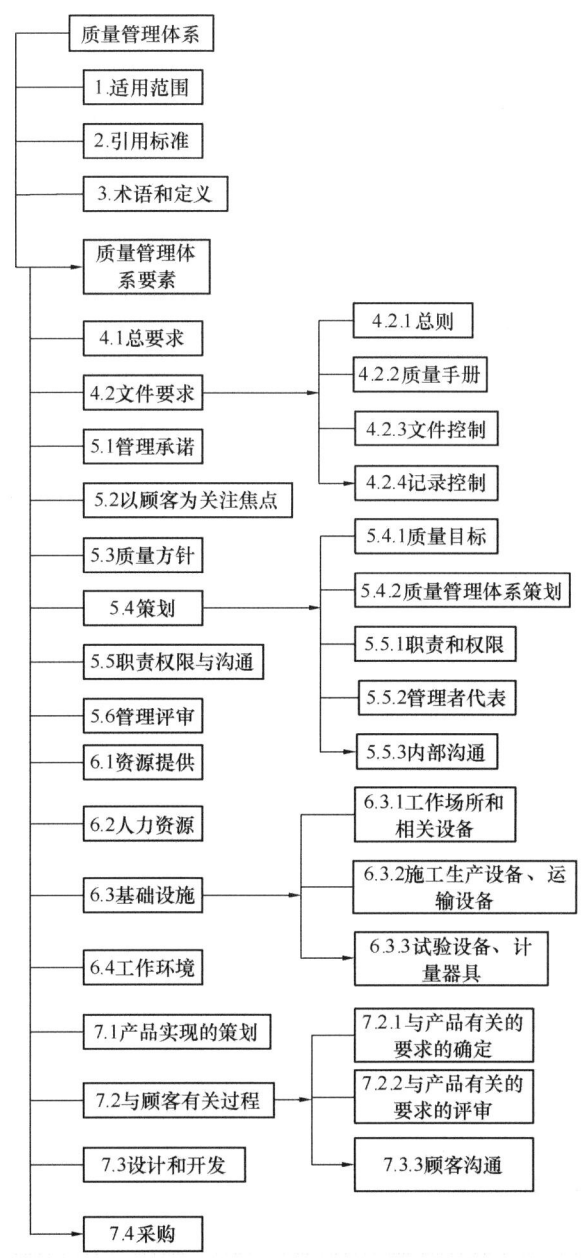

图 5-2 质量管理体系

优秀专业施工人员整合在一起,组建一支技术精湛、工种齐全、吃苦耐劳、作风强硬的技术队伍。深入强化全员"现场如市场"、"顾客好才是真的好"的项目管理意识,所有人员要进行相关的岗前培训、考核等教育活动,从而培养全员的质量意识,建立技术密集型的项目管理模式。

(4) 加强对职工的技术和思想教育。

① 思想保证

逐渐形成并完善"企业自控为主,政府和社会监督控制为辅,用户满意为本"的工程质量管理控制新体制，以国家和政府部门颁布的规范标准为基准，制定高于国标的质量标准，明确各部门的职能，明确其主要质量控制要素，强化其质量自控能力，施工过程要严格遵循设计图纸、技术标准和施工规范，以确保有效发挥施工质量管理体制的作用，争取高质量的完成工程建设。

② 技术保证

制定员工技能教育体制，在规定时间内，对所有员工进行职业技能教育，其内容主要有：规范、标准和操作流程等；制定恰当的施工方案评比和优选办法；随时配合好各个部门的检验与验收工作；开工前的技术交底；根据有关规定，整理并总结好施工资料，并存至档案管理部门存档[3]。

（5）建立健全的各项质量管理制度。

制定的主要质量管理制度有：质量相关责任制及保证金制度，开工前提交审批制度；设计文件多次审核制度；定期试验检测制度；定期自检制度；隐蔽工程检验制度；技术交底制度；质量控制日常教育制度；规范操作制度；资料规范整理制度；总结例会制度；定期质量报告制度；事故处理报告制度。

主要质量专项制度有：材料进场检验制度；混凝土标准化作业制度；钢筋标准化作业制度；规范化模板与整修制度；由专人负责定期检查校验测量仪器。

测量仪器设备定期校验制度。

（6）其他组织管理措施。

① 制定内控标准，落实创优计划

积极引导、实施样板在先、推动创新团体创优争先机制。制定有关质量创优和技术指导等预先调控方案，各施工队伍应当密切结合相关规范、设计方案、施工流程等要求进行项目施工和工程验收。严格把关各个施工工序，从而确保各个施工步骤均是单次达标。

② 认真坚持"自检、互检、交接检"制度

严格按照"自检、互检、交接检"的三检制度，各道施工步骤间紧密相连，相辅相成，各个施工工序之间应当紧密衔接。开工前交底，施工中定检，结束时验收。技术班子自检合格后交由质检员进行全面检查验收，然后交由项目管理部门专业质检人员进行验收。带工程验收合格之后，报请监理单位进行审核签字。项目施工及期间，施工质量检查严格遵循"跟踪监测"、"复检"、"抽检"流程进行，发现问题后立即进行解决总结，避免同样问题再次发生。

工程质量自检工作流程如图5-3。

③ 贯彻隐蔽工程检查制度

施工过程中，采用专人现场记录形式，尤其是工程的重点部位施工时，必要情况下对施工进行24h监控，确保工程的施工过程的可追溯性。针对隐蔽工程，应当在项目达到检验强度之后组织自检，同时在实施前48h告知有关质检人员，检测完成签字后，实施隐蔽施工，不合格的情况下，严禁隐蔽施工。同时，在施工过程中，接受监理工程师的随时抽查，并配合相关检查工作，对于质量不达标的工程，应根据要求进行返工或重建。

④ 坚持预防为主的方针，积极开展QC小组质量活动

参建单位的项目部，应当在施工中，根据工程的实际情况，开展QC小组，优化PDCA

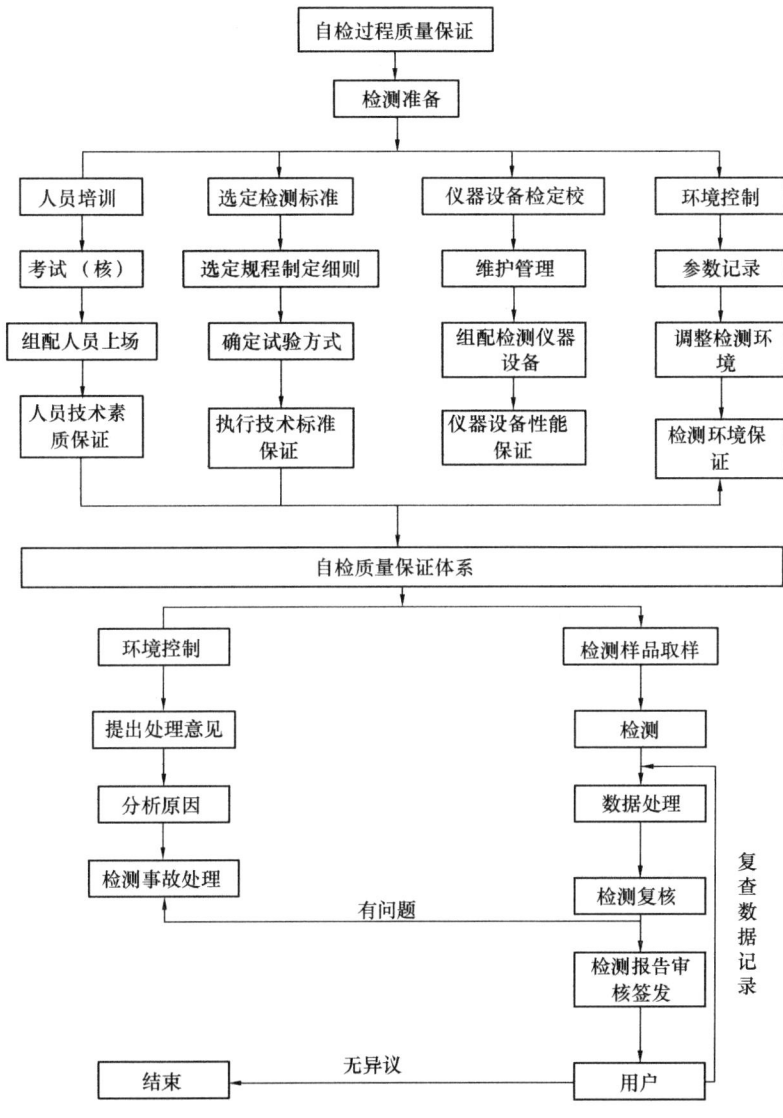

图 5-3 工程质量自检工作流程图

循环，组建一个能力较强的攻关团队。按时高效处理工程施工期间的工程安全问题，保证工程质量始终处于监控当中。

⑤ 严格执行岗位质量责任制度和质量目标考核制度

为提高施工人员的主观能动性，应将工程责任划分明确，并落实到人，并将工程质量情况同相关负责人的经济挂钩。

2. 材料、机械设备保证措施

(1) 工程材料机械设备采购前，应根据实际工程图纸、施工组织设计等要求，制定相应的额采购清单。采购前，对供货方的相关证明和顾客的满意程度进行调查和论证，并组织工作人员进行实地考察，确保产品的质量。在确定购买时，应按照相关采购规定和章程，签署订购合同，并不定期对供货方所提供的材料和设备进行抽查，对不合格产品应及时清查。

（2）严格检测和验收项目施工期间所购置的施工材料和机械设备。对供货方所提供的材料、机械设备等做好相关检验工作，确保其质量满足工程使用标准，严禁各种不合格产品进入工地。

（3）制定相关管理办法和控制措施，严格控制各类材料和设备的标识、储存、管理等，由专人负责施工机械的维修、保养工作，确保施工机械的安全运行，严禁超荷运行。

3. 测量、试验检测保证措施

（1）项目部设立精测班，配备先进的测量仪器，严格按照规范进行测量作业制度进行测量，并实行复测制度。

（2）采用国际上较为先进的试验和检测仪器，认真研究和分析工程师检测方案。中心试验室除配备常规试验仪器外，还应配备国内外较先进的试验设备。同时配备先进的微机处理系统，及时分析试验数据并反馈给施工现场[4]。

（3）严格检测操作管理制度。试验室内的所有仪器均应按照相应的操作规程进行操作，并做好试验仪器的使用、搬运维护等管理工作，同时所有试验数据均应经过审核，确认符合相关国家规定方可使用，所有试验人员应持证上岗。

（4）加强原材料的进场检测。在施工材料进场前，应审核其合格证和质检报告，并进行批量抽检。

（5）提升项目检测数据的可信度。对混凝土搅拌站所提供的混凝土，进行跟踪质量检测并进行坍落度、含气量、泌水率试验，并将相关数据记录在案以便后期核查。

4. 施工技术管理保证措施

（1）坚持试验指导施工的原则

按照试验所得数据，优化项目施工过程中有关参数和工艺等，以便于指导项目施工，并将其用作整个项目实施期间的依据。

（2）严格控制施工技术管理制度

项目施工技术管理制度及其内容如图 5-4 所示。

在遵守上述制度的基础上，在工程开工前，对工程的勘测路线进行复测和补勘，其工作由精测班负责。

5.2.5 对已建工程和设备的保护措施

（1）工程项目部设立专门的工作组，专门负责施工所用机械设备的维修和损坏修复工作，直到工程结束。

（2）对所有参建人员进行成品保护意识教育，制定相应的惩罚措施，对故意破坏者进行严惩，同时由专人负责对设备使用情况进行巡查。

（3）增加对正在施工的工程的保护措施。项目实施期间，选用有效的技术手段，保护半成品不受损伤。

（4）成立成品保护小组，对已建工程进行巡查，记录成品破坏情况，并及时上报项目部，以便于及时对其进行维修。

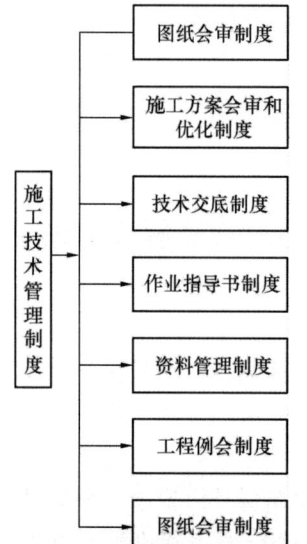

图 5-4 施工技术管理制度结构

5.3 安全管理措施

5.3.1 安全目标

根据铁道部、铁路局、建设单位、相关省市、集团公司关于安全生产有关文件规定，指挥部要根据自身工程实际情况，确定本项目安全控制目标。一般情况下，项目要完成以下指标[5]：

(1) 杜绝员工因工重伤、死亡事故。
(2) 杜绝铁路交通一般 B 类及以上事故；杜绝交通运输责任死亡事故；杜绝火灾和爆炸事故。
(3) 杜绝机械设备大事故。
(4) 杜绝责任施工火灾事故。
(5) 杜绝责任火工品、重要器材、设备被盗和爆炸事故。
(6) 隧道无涌水、突泥、坍塌重大事故。
(7) 员工轻伤率每年控制在 3‰ 以内。
(8) 职业病发病率每年控制在 0.3‰ 以下。

5.3.2 安全保证及管理体系

1. 安全管理组织机构

在工程施工期间，将工程安全视为各个施工管理工作的头等大事。参建单位在该项目施工中成立单独负责工程安全管理的部门，负责工程施工期间的制度、条例等文件的审查和工程质量监督工作，并及时处理施工期间的安全责任问题。安全组织机构如图 5-5。

2. 安全保证体系

项目经理是安全生产首要责任人，他与相关部门、架子队领导人签订安全生产责任状，总工程师与主管工程师签订技术安全包保责任状。

严格遵循"谁主管，谁负责；谁检查，谁监督；谁在岗，谁落实"原则，完善工程安全管理保证体制。结合本工程实际特点，进行明确分工，划分责任区，制定有效措施和管理方案，以人为本，从思想上、组织上和经济上确保工程安全目标的实现。安全保证体系如图 5-6。

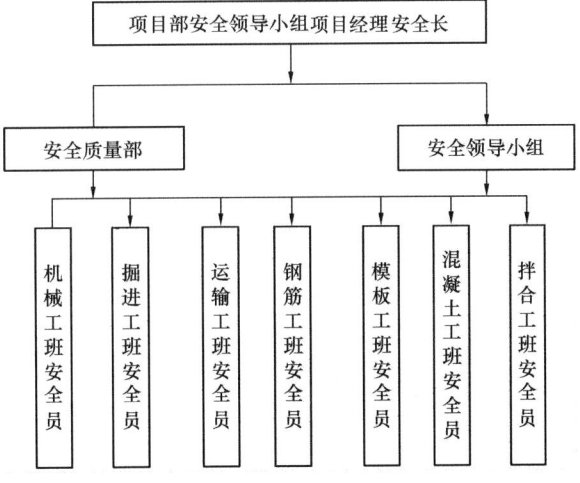

图 5-5 安全组织机构

3. 安全管理体系

结合本项目实际特点、施工单位对项目安全生产要求等，创建本项目的施工安全管理制

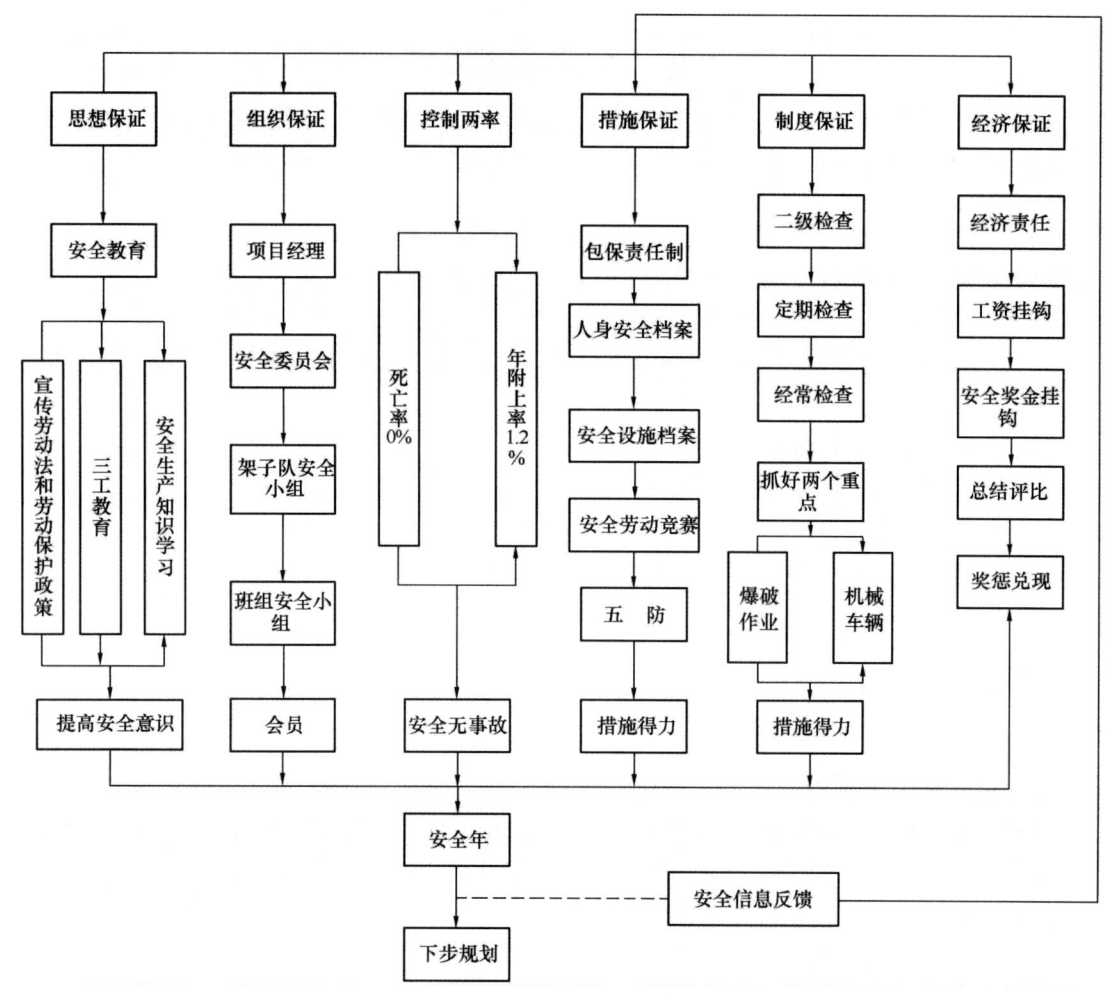

图 5-6 安全保证体系

度。并保证工程施工中持续有效运行,确保项目施工期间的各个步骤均处于安全有效的控制下。安全管理体系如图 5-7。

5.3.3 安全保证措施

1. 隧道施工安全措施

(1) 施工准备安全措施[6]

详细部署施工场地,弃碴场设立在远离农田、河流的区域。相关辅助设施,应当于隧道开挖之前建成。进洞之前,对洞门及其周边的仰坡进行加固,确保洞门和边坡的稳定性,同时做好相应的截水、疏水设施以保证工程的施工安全。在洞口或适当处所,设置应急储蓄库,储备各类应急器材。所储备的各项器材保证数量和质量,不随意挪用,使用后随即补足数量。

(2) 隧道开挖安全措施

开挖人员到达作业面,首先对顶板和边墙进行检查和处理,如若发现安全隐患,应及时

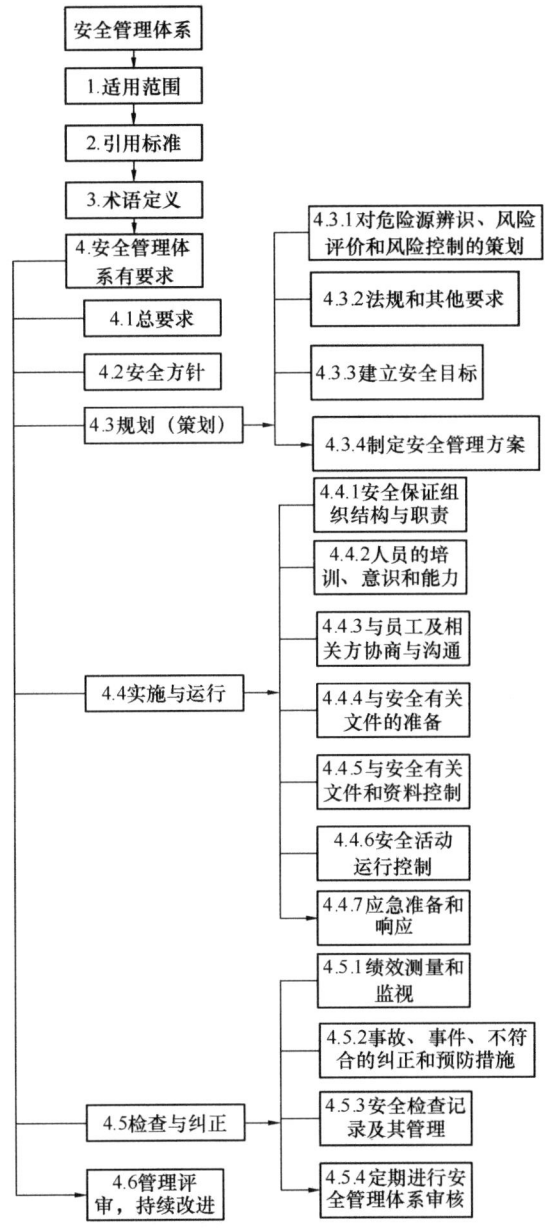

图 5-7 安全管理体系

清理和加固。挖掘机开挖时要有专人指挥，严禁人员在挖掘机大臂下活动，以防止挖掘机臂碰撞初期支护表面以及临时支撑体系。隧道施工期间，控制好循环进尺，及时施作支护体系。同时加强围岩监控量测，关注围岩变形情况，使所有不安全因素处于受控状态。

（3）隧道出碴安全措施

装碴设备在装碴过程中，应派专人负责，避免施工机械损坏支护结构，并符合下列要求：装碴不准高于车厢；施工机械附近严禁站人。施工车辆应当遵守以下规定：同向间距保持50m，能见度较差时，加大间距；车辆启动、改变行驶方向时一定要开转向灯并瞭望鸣笛。严禁在车辆行驶期间抢道、扒车等不良行为。

(4) 初期支护施工安全措施

工程施工开始后,支护施工应当紧随隧道开挖,同时加强施工监控,当监控数据突变或支护结构的表面出现裂缝,则应当组织施工人员撤离施工现场,对其进行处理才能继续施工。

初期支护谨遵施工要求施做,充分发挥锚喷支护作用,加入支护结构形成结构破坏或锚固失效,应当立即对该部分支护结构进行加强支护,锚固长度应当是原锚杆长度的 1.5 倍。

在隧道开挖过程中,支护施工与隧道掌子面之间的距离按照围岩情况确定。确保喷锚支护前工作台的稳定性,施工人员应当佩戴完备的防护服装。机械正常使用期间,压力维持在 $0.15 \sim 0.2$ MPa,喷嘴的方向应当正对工作面,避免操作失误危害施工人员的人身安全。喷射机械的支撑结构,应当放在稳定结构上。对于稳定性较差的围岩,采取加垫板等方式并加固。

隧道开挖期间,施工负责人与技术人员一道,定期对隧道内部的支护稳定性进行定期核查。密切关注工程监测数据,出现异常时,立即采取有效措施进行应对。

(5) 隧道衬砌施工安全措施

衬砌设备应当与施工作业面保持适宜的间距,同时设备与地面之间维持一定的距离,以方便过往的行人和车辆通行,并做好相应的注意标识。

台车工作台上安设高度大于等于 1.0m 防护栏,并设防滑设施,操作台固定结实,严禁出现探头板。混凝土泵送设备拆除过程中,应关闭泵送动力设备。振捣机具加设防护装置,并在电动机上添加接地线。

(6) 通风与防尘安全措施

派遣专人负责看管通风机,严禁任何人员于任何时间在通风机附近逗留,严禁在通风机周边堆放任何物品。配备足够量的通风备用设备,一旦通风机械出现故障或施工现场的通风出现问题时,应立即组织施工人员立即撤离现场,在通风没有进入正常状态之前,严禁任何人进入施工现场。隧道开挖、装碴、运输禁止使用易挥发的化石燃料的内燃机。使用的柴油机设备,在设备排气口加设净化装置。隧道爆破开挖积极推广采用水压爆破工艺,喷射混凝土采用湿喷工艺,减少空气中的粉尘含量,每月对硐室内部的空气进行取样检验。

(7) 隧道洞内用电安全措施

除按"用电作业安全措施"进行防护外,还应进行下列措施:当隧道内部的照明和动力线路处在同一侧时,应当分层架设,同时确保线路的牢固程度,避免线路安全受到爆破施工的影响,并在每个动力主线的每个分支上加设保险丝,严禁在该线路上私自搭接照明灯。

隧道内部的电器设备使用,应当严格遵守以下规程:所有电器设备的操作必须由专业电工进行,所有手持电器设备必须做好绝缘工作,每次使用必须严格检查。安全电压以上的所有电器设备,一定要进行接地保护,以防漏电。

(8) 隧道洞内爆破安全措施

除按"爆破作业安全措施"还应注意如下几点:

①统一指挥爆破施工人员,并通知受影响的工作面,将施工人员和机械设备撤至安全地带,一般为爆破点 400m 外。

②爆破施工期间,应将全部电力设施与电源断开,并将其移动到爆破施工现场50m外的安全地带。

③如下问题时禁止进行爆破施工:照明条件较差、没有对围岩进行初期加固、施工面出现涌水突泥等。

④爆破施工后,应在通风时间多余15min,且无残余炸药或雷管、无松动石块及支护无损坏与变形等情况下方可允许施工人员至工作面。

(9) 特殊和不良地质段施工安全技术措施

① 断层破碎带施工安全措施

按照地质勘查资料,选择恰当的开挖和支护方式。对于围岩极破碎段,采用帷幕注浆,根据围岩情况进行钻爆设计,着重加强一衬的支护强度,必要情况下加设仰拱,以便于支护成环。为增加下部支护结构的稳定性,应设置锁脚锚杆或拱脚钢肋支撑。为降低对原有围岩稳定性的破坏,应选用机械配合人工的开挖方式进行施工。

② 涌水突泥段施工安全措施

选用多种探测方法相结合的办法,对掌子面前方的水温地质情况进行探测,并根据实际情况制定合理的注浆加固方法。根据超前地质勘查结果,采取有效措施处理掌子面前方的不良地质体。

(10) 其他施工安全保证措施

① 建立健全各项安全制度

主要安全管理制度有:安全技术交底制度;安全交接班制度;安全检查制度;安全生产责任制度;安全例会制度;危险源识别及控制方案制度;班前安全讲话制度;安全生产考核奖惩制度;安全事故处理报告制度等。

主要安全专项制度有:施工设备的操作要求和安全施工方案;工程用电安全;施工通道的安全通行;高空安全施工;工区防火、防风制度;机械设备的安全运行制度;施工现场的安全标识。

② 安全生产教育与培训

项目经理部要经常开展安全生产宣传活动,以提升全体员工的安全生产的责任感,遵守"安全第一,预防为主"的生产原则。项目专职安全人员除进行日常的一般安全教育、宣传外,还要充分利用广播、录像、板报、警示牌等各种形式进行安全知识普及宣传。每道工序投入施工前,全体员工应接受安全、技术、质量等部门的安全生产教育。教育内容包括:安全施工、安全操作机械设备、危险源的辨识等。考核通过后,再进入工程现场施工。

③ 加强施工现场管理

按照设计要求,合理的布置工程现场。根据工程设计图纸堆放施工材料,做好分类标识,机械车辆按规定路线行驶,按照规范用电用水,做好相应的卫生环保工作。

工程材料合理堆放,施工信号标示明确,正确使用水、电线路整洁有序,并做好环保、消防、材料、卫生、设备等各个方面的文明施工管理工作。切实做好施工现场的安全标识,生活区设黑板报和宣传栏,危险地区做好特殊标记。

④ 安全生产检查

开工前的检查验收制度。工程建设前,领导小组与相关人员一同,对工程施工安全状况进行核查，填写事故易发点检查表，在保证安全的前提下进行开工建设。检查验收的主要内容包括：工程安全措施，设备防护装置，工作人员的培训，安全责任制的建立等。定期安全生产检查。项目经理每月组织安全员，部门负责人等对施工安全进行突击检查，同时应当积极配合上级的检查工作。季节性、节假日安全生产专项检查。项目经理部组织季节性、节假日安全生产专项检查，对汛期防范措施和应急预案进行检查；对节假日前后安全生产要进行重点检查。

⑤ 危险性较大工程的安全技术方案编制审批

对于石方爆破工程、脚手架工程、模板工程、用电施工等重点工程项目和技术复杂的新、难、重项目以及不良气候条件下的危险性大的作业项目，根据工程施工现场的条件，制定切实可行的技术方案，报送建设单位、监理单位及有关部门审批，以保证技术方案的可行性。

⑥ 积极推进安全质量标准工地建设：

依据施工单位对项目施工安全的要求，结合工程安全管理办法，实行目标控制，工程项目全面实施"事故易发点控制法"，针对性强，做到各项施工均符合安全施工的规定和要求。做到项目现场整洁，辅助设施合理布置，施工材料和设备放置合理，安全标识明确醒目。项目安全员、施工员等工作人员持证上岗。严肃规范化施工现场，各项防护措施安全有效，制定有效地突发事件应急预案。

⑦ 机械作业安全措施

按照《建筑机械使用安全技术规程》，杜绝一切违章行为。所有施工设备均应配有防护措施，机械操作人员必须经过培训并取得相应的合格证书后再上岗。同时设备运行前，应当经过严格的检查，确认没有问题后在投入施工。定期对施工机械进行维修保养，发现问题及时解决，严禁机械带着问题投入生产。

⑧ 用电作业安全措施

项目建设用到的所有电器设备，均应由专业持证上岗的电工操作，同时应定期对所用电器设备进行检查维修，做好相关维修记录。电器设施维修时做好"有人操作，严禁合闸"的警示，并持有有关负责人的批准。所有工程照明设备均应保证配备绝缘设施，严禁随地拖拉任意绑扎导线，并保证每个照明设备均有效接地。室外照明设备应保证与地面之间的距离高于 3m，室内高于 2.5m，机箱与用电设备实行一机一闸保险，箱内线路清晰，并配有漏电保护装置。电线架设装置，严禁与脚手架相连，且保证电线与地面之间的距离在 4m 以上，在机动车道上应距地 6m 以上。

⑨ 高空作业安全措施

做好高空施工的防护措施，严格遵守《建筑施工高处作业安全技术规范》的规定。高空施工人员应当定期体检，杜绝患有高血压、心脏病等工作人员高空施工。高空施工人员必须佩带安全帽、安全带等防护装置，严禁酒后作业，特殊天气如大雾、大雨及大风天气下高空作业。吊装施工时，禁止所有人员在吊臂及机械附近逗留。

⑩ 消防作业安全措施

工程现场的消防重点处，根据消防规定配备足量的消防器材，并且由专人进行管理，定期检查。每个队伍驻地各组建 20 人左右的义务消防队，全体职工应当积极学习并掌握必要的消防知识和技能。做到项目部生产、生活设施布置满足消防标准。项目部内的各项房屋,材料等应当严格按照消防标准实施,严禁在易燃物附近点明火,提高消防意识,使消防落到实处。

5.3.4 应急预案

为加强对施工生产安全问题的防范,定期进行事故抢险救灾演练,一旦发生灾害能够及时有效的组织抢险,维护正常的施工工作秩序,根据《中华人民共和国安全生产法》、《建设工程安全生产管理条例》等有关规定,结合本工程的特点,制定一定的应急预案。

1. 建立安全应急救援机制

根据项目的实际情况,项目负责人组织先关人员编写工程事故应急预案,如果发生安全事故,为工作人员及周边居民提供理想的生活环境。施工过程中,如出现工程事故,应当严肃处理工程事故相关责任人。

(1) 突发事故应急处理的原则

突发事故应急处理的原则是以人为本,发生灾害时利用现场医疗卫生条件对伤员进行急救处理,减少其痛苦,尽快送往附近医院进行检查和治疗。

(2) 应急救援组织机构

在项目经理的领导下,成立一个突发事件应急工作组,总工任副组长,根据组长指挥落实各项抢救工作,各部室人员及架子队成立各个应急救援组,分工进行各项抢救工作,其组织结构和职责如表5-1所示。

表5-1 应急救援组织机构及职责

机构名称	成员组成	职责
应急救援领导小组	组长项目经理,副组长包括总工、各部室负责人	发生紧急情况时下令启动应急救援预案,下令动用应急救援物资,组织现场抢救、事后组织事故调查、善后处理等事宜。
抢险救援组	架子队	由应急救援领导小组直接指挥,进行灭火、防汛、防雪、防毒等现场工作,人员以党员团员为主组成,同时现场所有人员均有义务参加抢救。
物资抢救组	设备物资部、架子队	将设备物资迅速转移至安全地带,尽量减少损失。
技术保障组	工程技术部	针对突发事故制定相应的处理措施,以便迅速有效的展开现场抢救工作。
后勤保障组	设备物资部、架子队	负责各种应急工具和器材的配备,经常对工具与器材进行保养与更新,保证完好使用。应急救援中负责为处理紧急事故提供各种必须的设备物资、车辆等,为现场抢救做好一切辅助工作。
对外联络组	综合管理部及专业人员	在发生突发事故时保证通讯工具的正常使用,负责事故处理现场各个小组之间的密切联络,尤其是隧洞内发生事故时联络工作更为重要。
事故调查组	安全管理部质量管理部	发生事故时保护事故现场;对现场的有关实物资料进行取样封存;调查了解事故发生的主要原因及相关人员的责任;按"三不放过"的原则对相关人员进行处罚、教育、总结。
善后处理组	综合管理部	主要负责做好伤亡人员及家属的稳定工作,确保事故发生后伤亡人员及家属思想能够稳定,大灾之后不发生大乱;做好受伤人员医疗救护的跟踪工作,协调处理医疗救护单位的相关矛盾;与保险部门一起做好伤亡人员及财产损失的理赔工作;慰问有关伤员及家属。

(3) 突发事故应急处理设备和物资

应急物资在项目开工前准备完善，妥善保存，严禁私自挪用。在应急物资进场前，必须具备合格证明，并由材料部门抽查，严禁不合格产品进场。在应急物资储备过程中，应由专人负责管理，并定期对机械设备检修保养。确保应急救援工作需要。

(4) 应急救援的培训与演练

① 培训

项目应急预案完成后，组织各个部门学习应急预案的内容，学习完成后并进行考核，确保每个职工都能掌握所需的应急知识与技能。工程各部门负责人每半年组织一次培训；架子队人员每年进行一次应急救援安全知识培训；新加入的人员及时培训。

培训内容主要有：灭火器操作方法、施工安全防护方法、施工安全警示的设置、施工用电常识、施工现场的交通安全、施工机械设备的安全使用、紧急条件下施工人员的安全疏散和抢救的基本知识。

② 演练

根据事故应急方案，项目部负责人和一线工人每年一次演练；有较大人员变动时增加一次演练。每次演练结束，及时做出总结，对存有一定差距的在日后的工作中加以提高。

(5) 事故报告指定机构人员、联系电话

安全管理部即事故报告指定机构，施工现场设置明显标志牌，写明报告部门、人员、联系方式等事项，接到报告后，项目部负责人根据有关法律规定，及时的向安全、生产及行政等部门报告，如需用到特种设备，还应向特种设备安全管理部门申报。

(6) 应急救援预案的启动、进行、终止和恢复工作

一旦突发灾害或安全评估达到应急标准时，应急领导小组应当立即启动应急预案。由应急工作领导小组统一指挥，协调行动，快速集合各个应急救援组织，各有关部门和人员通力合作，相互配合，协同作战，各尽其责，按突发事故的紧急预案措施，尽快控制事故态势的发展，缩小事故散播范围，最终消除事故。把突发事故危害降低到最小限度，努力降低突发灾害所导致的损失。并立即向有关领导部门报告。当危险源得到有效控制；清点完毕施工人员；经应急领导小组评定，认为可以终止的，下达应急终止令。事故结束后，研究总结应急预案，并进一步完善，为之后的工程事故提供经验。

2. 隧道施工灾害预控措施及处理方案

隧道区内围岩稳定性较差，裂隙发育较完全，岩体破碎等情况下，容易出现隧道失稳。

(1) 隧道施工灾害人员紧急逃生措施

洞内以架子队长为安全责任人，各工班设安全员，发生紧急情况时安全员发起警报，并组织人员快速有效的撤离，同时向项目领导汇报相关情况，以便组织灾害的处理工作。开挖面出现大量的坍塌掉块时，人员进行后撤，待坍塌稳定后组织人员进行工程处理。根据监控量测数据及现场观察，一旦出现危险情况时，立即停止施工并安全有序的组织撤离工作。

隧道出现突泥突水，泵站抽水能力不足时，及时撤离施工人员至安全地带，尤其是上游出现情况及时通知下游工作面，撤离后关闭防水开关，再压注砂浆，控制水势蔓延。洞内出现断电情况，立即启动应急电源保证通风照明正常工作，施工人员向洞外撤离，恢复供电后方可恢复施工。保证逃生通道通畅，施工机械、机具不得停放在逃生通道上。发生紧急情况

时洞内车辆全部改为运送施工人员，禁止向洞内行使。

（2）隧道灾害应对措施

① 突泥、突水的应急处理措施

A. 快速堵漏

快速堵水针对的是在超前预注浆过程中的涌突水技术。隧道工程中，常常选用TSP203、地质调查法等方法探明掌子面前方的地质情况，以便于制定合理的治理方案。如果前方经过 TSP203 预报技术，探明前方可能出现涌突水灾害，再用超前探孔的方法进行验证，做超前探孔时，应注意阀门的安装，以便于用水时的堵水。在施做超前钻孔过程中，一旦出现大量用水的状况，应当立即停止施工，并采用向掌子面喷射混凝土的方法封堵，当涌水量较大的情况下，设立浆墙封堵开挖断面，墙厚大于 2m，之后再采用注浆的办法进行封堵。

B. 钻爆破孔时遇到突水的快速堵漏[7]：

钻爆施工过程中出现突水，其原因主要有以下两个：a. 钻爆施工过程中揭露了含水构造；b. 某些裂隙未得到加固，在钻孔施工时被揭发而突水。

不同情况下的钻爆突水，应当采用针对性的措施：a. 涌突水的水量较小且水压较低时，采用钢管上缠绕麻丝打入钻孔的方法堵水。b. 用水量较大且围岩条件较好时，采用泄水的方法，将泄水孔打入涌水孔中部，根据实际水量和水压确定泄水孔的数量。c. 水压和水量较大且围岩稳定性较差时，采用混凝土止水强的方法堵水。

② 迂回导坑绕行

在隧道施工过程中，工程施工进度因突水突泥灾害的影响而受阻，且因各种原因处理困难，继续向前施工会降低施工进度且安全系数较低时，根据实际地质情况，选用迂回导坑法进行施工，这样不仅会增加施工进度，还提升了施工安全系数。

（2）围岩变形、隧道坍方处理措施

由于隧道施工中的多种不确定因素，尽管采取了地质超前预报及各种预防措施，仍有可能发生围岩变形、塌方事故，一旦发生安全事故，应立组织撤离现场施工人员，保证其人身安全，然后才去有效措施处理灾害段的事故。围岩变形段，采用加强支护的方法进行治理。塌方处理首先加固相邻洞段，在安全防护下进行逐步处理，杜绝盲目抢险，防止塌方事故损失扩大。

3. 其他灾害预控措施

（1）机械车辆事故预控措施

机械事故主要是维修、养护不到位。一旦发生车辆事故，按人员、设备、物资的顺序，首先抢救操控人员，然后进行设备物资的抢救工作，启动工程灾害应急救援机制，确保人员、设备物资安全。提升施工机械设备的存储安全，保证施工机械设备的完整性，储备一定数量易损配件[8]。选择合理机械设备，根据工程的实际条件，选取净空要求较小的施工设备，部分设备经过改装后投入使用。同时配备一定数量熟练维修工人，负责维修保养施工机械。

（2）触电事故预控措施

工程电力线路及变配电设施，严格根据《施工现场临时用电安全技术规范》规定实施，严格落实"防触电、防漏电、安全电压"三项技术措施。提升职工用电安全的知识和技能。电力设施的安装、使用和维修必须由持证的专业电力工作人员执行。夜间由两名以上的电工值班。

（3）火灾预控措施

严格执行《建设工程施工现场消防安全管理办法》规定，做好日常保卫工作。建立电工、电焊工、木工、危险品管理工、物资仓库管理工防火责任制，明确重点防火部位，落实安全防火措施，配备足够灭火器材。明火作业要按施工区域、层次划分动火级别，办理相应《动火证》，动火必须具有两证、一器、一监护，严格管理。明火要在指定地点施做。建立健全危险品、木工间、油库、物资仓库、氧气、乙炔气瓶等储运和使用的防火管理制度和夜间巡视制度。露天作业不准存放油桶和各种易燃易爆物品，危险物品必须入库。工地要明确重点防火部位，有严格防范措施，每月定期检查一次，做到有隐患及时整改，并有书面记录。施工现场消防用品要由专人保养，按期检查并记录相关日期和责任人。油库及危险物品库要重点配置。

（4）防洪渡汛预控措施

汛期前，检查项目防汛方案的可行性，并对职工住房，施工材料的储备，排水设施，防洪器材的准备等情况进行检查。在汛期，由项目经理负责组建一个应急工作组，并将责任落实到个人，如遇险情可以及时到位[9]。同时，各单位之间做好联系，以便相互告知相互帮助。

（5）雪害预控措施

冬季施工防雪做好工程物资、生活用品储备，发放御寒物品，车辆加防滑链。对项目部进行访学加固，如防雪棚、防雪栏等。并做好与气象部门之间的联系，及时收集天气预报资料。大学期间，严禁职工随意外出。雪害发生后立即组织应急小组，及时清理施工现场、临时便道积雪，除雪采用人力结合机械的办法。

5.4　工期控制措施

5.4.1　保证工期组织管理措施

1. 加强现场组织指挥，保证工期的实现

组建高效精干的项目经理部，实行项目经理责任制，设置强有力工程管理机构及管理制度，达到对工程的全面管理；成立工期保证组，项目经理、副经理和各部门领导为主要负责人。

2. 加强劳动管理，提高劳动效率

根据工程的实际情况，指定合理的用工计划，提前储备好劳力；下达计划准确性和适当超额性，确保定额劳动量的足额完成；依靠科学的组织安排，增加各个工序之间的独立性和关联度；每个施工队配备一个技术员，以便于及时解决工程问题，缩短非工作时间，提高工效。

3. 创造良好的外部环境，保证施工的持续进行

加强与建设、设计、监理单位和当地地方政府的联系，理顺关系，并依靠建设单位，加强与各方面协作配合，确保施工顺利进行；服从建设与监理单位的协调，积极配合关联单位的工作；提高材料供应商的合同管理，依法进行经济活动，避免纠纷与冲突的发生；依靠地方治安警力，坚决打击扰乱施工、盗窃施工物质的犯罪行为，保持良好的施工外部环境。

4. 定期召开内部计划工作会议

每月召开工作会议，总结上一个月的生产计划完成情况及原因，兑现奖罚；安排部署下一个月的作业任务和时间要求[10]。每周开展各作业队负责人会议，协调解决生产过程中的重复性问题，责任落实到人，明确完成日期。

5.4.2 工期计划管理保证措施

1. 编制总体施工计划，进行总体控制

施工前根据进一步的现场调查和施工图设计，编制总体施工网络计划，从计划总工期上对合同工期进行控制；依据总体计划，合理配置资源，编制资源进场计划和各种材料的采购供应计划，做到超前预测、超前计划、提前预备；向所有的施工人员宣教总体施工计划，围绕总体计划做好各种思想准备和施工准备。

2. 编制重点工序的施工计划，抓住关键线路

项目开工后，按照工程段的施工计划，组织编写施工组织设计方案，细化施工进度计划，做到每五日进行一次计划安排和调整；依据详细的工程方案，确定关键建设线路。对重点工程上的各个工序，进行重点控制。加强各个工序之间的衔接，保证施工进度的顺畅性。

3. 抓好施工中的计划调整，进行动态控制

项目施工期间，积极推广先进的项目计划软件，实时跟踪分析每个工序的实际进度情况，制定滚动计划，为下一步的施工决策提供依据；实行项目施工计划动态检测，实施中不断优化施工计划；局部工程停滞时，及时调整施工计划，科学优化方案，采取扩大资源投入的方式来弥补工期。

5.4.3 施工管理保证措施

根据工程进展需要，配备充分的施工材料及施工机械，以"三快"，即进场快、建设快、开工快三项，尽可能的抓住有利时间进行施工。增加工程建设的调度和协调，提前布置安排，密切关注工程问题，以便于及时发现并解决，保证工期。个别工程项目，采用线管理的办法，减少中间步骤，强调指挥的高效性，可以使指挥迅速到位。通过加强体制管理，提升管理中的奖惩政策的执行力度。施工过程中应当以安全、高质量为核心，坚持"稳中求快、均衡快速"生产方针，防止盲目冒进，使工程安全高效的完成。

按实际进展情况及时对计划安排进行修订，并适时发起生产高潮，增加工程进度[11]。提高思想政治的宣传工作，积极发挥党、政、工、团的传统优势，大力宣传做好优质、高效工程的重要性，鼓励全体参战职工，以主人翁的工作姿态，按期优质地建好本工程。做好路地关系建设，积极获取地方支持，营造和谐的施工氛围。基础工程应避开雨季建设，防止不良气候对项目生产造成大的损失。

5.4.4 设备管理保证措施

根据工程实际情况，做好机械设备的选型和配套，按照工程进度要求将工程机械的效率最大化。

根据施工组织设计，组织机械设备及时进场，使用过程中注意保养和维修，且备足易损伤零件，以便损坏后的及时修理，保证施工进度；建立一个高素质的施工机械设备维修队伍，配齐各种维修设备，以确保施工机械的出勤率[12]。建立健全施工机械台账制度，定期维修施工机械，严禁施工设备带病运行。

5.5 投资控制措施

5.5.1 投资控制目标

在工程施工过程中通过各种方法和措施，严格把投资控制在双方签订的工程总概算造价的合同价内，以工程预算或工程承包合同价为控制目标，在此阶段主要是对工程的"量"、"价"分别进行控制，从根本上做到"量"、"价"分离，对各单位工程的结算，从事后控制提前到事中控制上来，从而有效地控制单位工程的造价。为合理地确定工程项目投资控制的目标值，以便和工程项目的实际支出额进行比较，找出偏差的程度，针对性地采取措施，需要编制施工阶段的投资控制计划，按总目标的要求和分项工程的施工安排进行资金配置。将总投资控制在国家及铁道部批准范围之内。

5.5.2 投资控制总体要求

贯彻"以人为本、服务运输、强本简末、系统优化、着眼发展"建设新理念，正确对待投资同工期、施工质量、施工安全、环保之间的联系，严格按照国家有关规定，依据项目设计的程序，掌控好工程建设的各个步骤，切实做好投资控制，有效防止投资浪费，在符合规定的前提下，使利益最大化。

5.5.3 投资控制要点

（1）严格按照批准的项目规模、技术条件、设计预算组织施工。

（2）谨遵工程建设预案，控制好工程建设与投资之间的管理。树立依法建设、规范管理的观念，在工程建设各个阶段，凡涉及投资的问题，都必须严格依法合规办理，认真履行相关程序。

（3）加强各项管理制度建设，不断完善投资与建设之间的关系。

（4）采用招投标的办法节约工程投资。凡符合招标条件的项目，应当严格遵守国家关规定，实行公开招标，严格招标程序和规定。

（5）增加合同管理，是投资控制最重要途径。① 提高合同意识，所有涉及经济的活动，都要签署合同，施工过程中严格遵守合同章程。② 合同文本要规范，铁道部统一示范文本必须严格执行，其他项目的合同文本必须合法规范，并经合同管理部门和法律顾问审核后方可使用。③ 投资与进度相符，资金拨付与验工计价数量相符，不得违规拨付资金。④ 加强合同归口管理。签署的所有合同均应经过专职人员的把关，个别合同还应进行法律咨询。

（6）变更设计遵守"先批准，后变更；先设计，后施工"的原则。

（7）严格投资计划管理。项目投资计划以批复初步设计总概算、执行预算及承包人的建议计划为基础，并按照计划情况组织工程施工。

（8）加强财务管理，完善财务管理制度，重视资金风险的防范，确保投资安全。认真执行全面预算管理，尽可能的缩小非生产性投资。

（9）提升项目物资管理力度，尽力缩小建设成本。甲方，应按使用计划情况进行采购，及时供应，合理库存。增加对施工材料的检验力度和检查项目，以保证施工材料的质量。

（10）充分进行施工组织调查，合理制定大型临时设施及辅助工程方案，尽量考虑永临结合。

（11）认真落实部省（区）纪要，依法依规推进征地拆迁，从严控制相关费用。① 针对拆迁所用的费用，应按照相关设计文件和国家政策进行，超出批复概算的，应当及时报批。② 规范建设用地，尽可能的减少用地规模及拆迁数量。拆迁工作要统筹兼顾，按照工程进度计划依序完成，杜绝重复拆迁。③ 优化建设用地，进最大努力降低临时用地规模。

5.6 环境保护

5.6.1 环境保护及水土保持目标

施工过程中，指挥部必须贯彻"预防为主、保护优先、施工和保护并重"的原则，将施工引起的对环境的干扰、破坏降低到最低限度。坚持施工生产和环境保护同步进行，制定环保目标和指标，预防污染，并持续改进，切实提高参建员工提高环境保护意识，树立良好施工管理形象，促进经济和社会效益的共同提高。

5.6.2 环境保护及水土保持工作原则

为加强在施工期间环境保护和水土保持工作，建立项目经理部环境管理体系，实行全面管理、预防污染、持续改进，通过自身控制管理及接受监督的方式，将水土保持工作贯穿施工管理的始终。环境保护、水土保持工作组织机构及原则如表 5-2 所示。

表 5-2 环境保护、水土保持工作原则

序号	工作原则	原则具体内容
1	依法行事	遵守国家有关环境保护的法律、法规和规章，严格执行《环境保护体系》，并按招标文件规定，做好环境保护和水土保持工作，接受国家和地方政府对环境保护和水土保持的监督检查。
2	三同时	工程施工中，认真贯彻环境保护、水土保持工作同正式工程同时设计、同时施工、同时验交。
3	同一尺度	把环境保护和水土保持工作与工程质量、安全、进度放在同等位置管理；环保水保工程质量标准同铁路工程质量标准放在同一尺度来验收。
4	一把手负责	由项目经理担任环保水保领导小组组长。作为环境保护和水土保持的第一管理者，对环境保护和水土保持工作负总责。
5	预案在先	工程开工前，预先制定环境保护和水土保持方案，报经当地环境保护和水土保持管理部门批准，并报建设单位、监理单位备案。

5.6.3 施工环保的主要措施

本工程建设期主要为洞口、仰坡土石方施工，施工过程中将避免对土地附着植被造成破坏。对生活垃圾进行集中处理并排放。其中，废水处理程序如图 5-8 所示，废弃处理程序如图 5-9 所示。

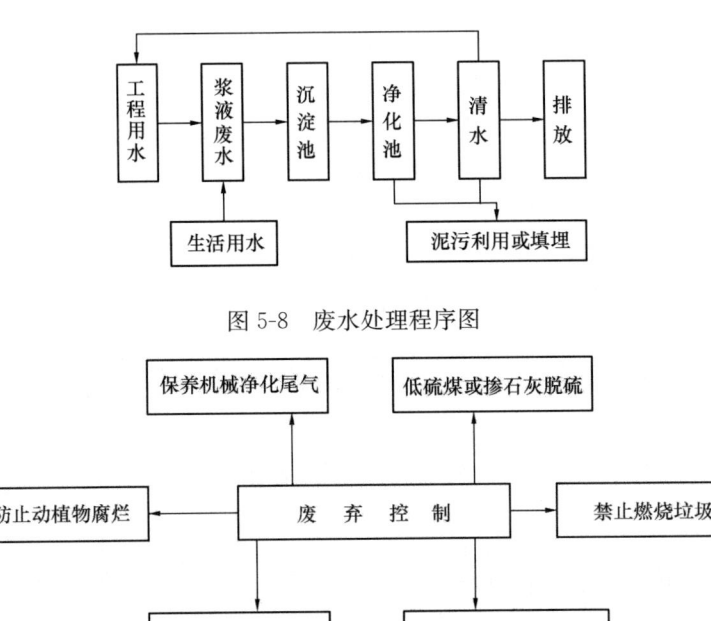

图 5-8　废水处理程序图

图 5-9　废气控制程序图

1. 废弃物的处理措施

项目施工产地内的施工垃圾及生活垃圾，经过适当处理后，可用作化肥部分与不可用作化肥的部分区分开，清理出的场地应重耕，并种上永久植被。油料应当储备在指定的安全场所内，储油罐严禁采用不合格产品，保证储油的安全和环保。

2. 施工区域绿化、美化措施

保证施工现场的植被覆盖面积，再施工闲暇时间组织开展义务绿化活动。施工区所建的房屋，应充分考虑与周边自然人文环境相协调，材料的摆放严格遵守施工组织设计的要求。施工道路，遵守永临结合的原则进行施工，同时为了保证施工道路与周边环境相协调，应当根据实际地形设计道路的走向。

3. 生活环境的保护措施

工地供应开水，严禁饮用生水。办公室和宿舍的卫生，做到无痰迹、烟头纸屑等，宿舍内物品集中摆放，保持整洁。保证食堂的饭菜卫生、就餐环境卫生、食品储藏等方面的干净卫生，炊事员必须具备健康证和职业资格证，食堂炊具用后必须清洗，严禁污垢残留。厕所卫生由专人负责管理，每天清洗，保证卫生条件。厕所内按期喷洒药物消毒，记号喷洒时间、项目及喷洒人员。工地配备急救药箱，医务工作者每周一次巡视工地，负责检查员工的食品健康，并做好季节性防疫宣传[13]。

4. 施工噪声控制措施

合理控制施工现场机械的作业时间,采取有效措施降低机械噪声,避免机械施工时的噪声扰民。机械操作人员,操作机械时采取防护措施,并定期进行更新和调换。

5. 生态保护

项目开展期间,任何人不得以任何理由占用耕地,同时,施工完成后,可以复耕的土地进行复耕,保证耕地面积。施工期间,做好施工场地附近的耕地、水资源、环境等的保护工作。控制好爆破施工的装药量,避免扰动山体保护好自然环境的完整性。

5.7 水土保持措施

5.7.1 植被保护

1. 工程现场尽量保护植被的完好,避免因工程施工破坏植被。
2. 项目及其附近的树木严禁任意砍伐和损害。
3. 加入项目施工必须砍伐树木,应当采用有效措施即植树、种草、种树木,保证植被面积。
4. 因工程施工改变了原汇水状态,自然排水变成了集中排水,施工中按设计及时进行排水系统施工,防止水土流失。
5. 弃碴严格根据设计规定运至弃碴场,不准乱弃。弃碴场设置永久支挡设施,严防水土流失。
6. 按照工程环保设计标准,对工程建设临时设施,待施工完成后进行拆除和复耕,复耕标准为正常种植标准。加入地面没有熟土,便从别的地方装运,确保复耕后耕地的肥沃程度,同时做好耕地附近的排水和永久性防护工程。
7. 项目施工过程中,做好生态环境保护的宣传,通过教育,宣传等方式提升员工的生态环境保护意识。

5.7.2 水土保护

施工过程中,按照工程设计要求,做好弃渣场的防护设施建设,以免水土流失。且在施工期间,做好地面植被的保护,尽可能的降低占地面积,加强施工组织管理,保证施工材料的利用率。主要保护措施有以下三类:

1. 工程措施

为防治水土流失危害,保护和合理利用水土资源而修筑的各项工程设施,包括治坡工程(各类梯田、台地、水平沟、鱼鳞坑等)、治沟工程(如淤地坝、拦沙坝、谷坊、沟头防护等)和小型水利工程(如水池、水窖、排水系统和灌溉系统等)。

2. 生物措施

为防治水土流失,保护与合理利用水土资源,采取造林种草及管护的方法,增加植被覆盖率,维护和提高土地生产力的一种水土保持措施,又称植物措施。主要包括造林、种草和封山育林、育草;保土蓄水,改良土壤,增强土壤有机质抗蚀力等方法的措施。

3. 耕作措施

以改变坡面微小地形，增加植被覆盖或增强土壤有机质抗蚀力等方法，保土蓄水，改良土壤，以提高农业生产的技术措施。如等高耕作、等高带状间作、沟垄耕作少耕、免耕等。

5.8 文物保护措施

1. 开工前要有针对性制定文物保护预案，完善文物保护体制，提升全体工作人员的文物保护意识和责任感，并于相关责任人签订文物保护责任状。
2. 施工方，在项目建设过程中，制定详细的文物保护方案，并作出明确标语，同时由专人负责管理。
3. 根据国家文物保护管理的相关规定，在施工过程中一旦发现文物，应做好保护措施，并通知相关文物保护部门。
4. 施工过程中，如弃土取土或弃土施工，应当采取对文物遗址的避让和保护措施。

5.9 文明施工措施

5.9.1 文明施工目标

施工现场的施工材料的布置、设备的停放，应当严格按照施工组织设计的要求，并做好相应的标识，达到整洁、干净、标准、规范的目的。

1. 施工现场所有建筑材料、成品、半成品构件要严格按照施工平面图堆放。
2. 施工现场要保持清洁，必须开挖排水沟渠，保持污水流畅，道路保持平坦。
3. 做好材料回收利用工作，按施工平面布置做好厕所，每天由专人清扫，严禁在现场大小便，养成良好的卫生习惯。
4. 临时工棚，要保持室内清洁，场地通风。
5. 进入工地的工人要先登记，由工长进行安全教育和安全交底后填表签字才许施工。

5.9.2 文明施工的保证措施

1. 加强领导、完善管理制度

按照该项目的具体情况，制定适当的领导机制，加强项目现场的领导工作。工程施工实施责任制，即安全到人、责任到人、质量到人等。

2. 施工现场场地文明施工措施

项目部内所有材料的放置，均应按照工程设计的要求进行放置，严禁随意堆放，并按照工程进度及时调整。当工程建设需要临时租用场地时，应严格按照相关法律办理租用手续，遵循先批后用的原则。重要进出口应做明确的警示标志，严禁外来人员随意进出。

3. 临时设施管理措施

项目部内的临时设施，应当以方便生产和生活为准则，尽可能的减少占地，且所建设施应当符合建筑消防、卫生等安全规定。

临时便道：项目部内的临时道路选用混凝土或泥结碎石路面。道路施工过程中，应由专人负责维修保养，避免路面存在积水，保证工程建设的顺利进行。

临时房屋：所有临时建筑，应当满足消防、卫生、安全等规定，建筑面积以项目需要为准，通风采光良好，开工前应报当地消防部门，审批后投入建设。

临时排水：项目施工现场，应当设置合理的排水系统。根据实际的排水量，采用砖砌砂浆抹面的方法进行建造，排水经处理后排至污水管道，防止泥浆、污水、废水外流。

临时供电：临时供电系统，应当按照工程实际用电量进行设计，配备电源线、分配箱、变压器等设施，实际线路布设严格遵守电路设计进行[14]。

4. 架子队伍管理措施

首先对架子队的所有员工进行审查，登记，办理临时户口，然后进行上岗前的安全施工教育，对可疑人员进行进行排查，避免流窜犯、逃犯混入架子队，所有架子队职工外出均需请假，严禁私自外出。

5.10 节约用地措施

1. 主体工程

严格执行用地指标，优化主体工程设计，减少对土地的占用。组织技术人员对已交用地进行边界测定，在边界控制点打入钢管桩进行标识，用铁丝网或彩条布对用地进行临时围护，但涉及既有交通道路处要留出道路，做好建设用地的边界确定和临时围护工作。

2. 临时工程

① 临时工程的设置应优先考虑永临结合、综合利用，尽量减少用地数量。

② 严格按照规划和批复位置和规模设置，严禁随意设置。各种临时设施、小型施工场地、营地的设置应尽量利用沿线既有场地、永久征地。

③ 施工便道要充分利用乡村既有道路、农用机耕路和铁路进站道路等。便道宽度严格按设计要求控制，做到既能保证铁路施工需要，又少占土地，少破坏植被。

④ 精心做好取弃土调配设计工作，尽量减少取弃土场面积。严格按照土石方调配方案，做好现场挖方与填方、隧道开挖与路基填筑的施工组织安排，避免因不合理施工导致弃土数量的增加。

⑤ 在地方既有砂石料场质量合格的前提下，尽量利用地方料场，减少临时用地数量。

⑥ 单位临时工程结束后，要严格按照设计方案组织复垦，及时办理复垦验收手续，交还临时用地。

5.11 冬季施工措施

1. 冬季施工准备措施

根据工程所在地冬季温度情况，制定完备的冬季施工方案，做好相应的劳动力、机械等物资的供应。配备专职测温员，实时，密切关注施工段的温度，做好保温措施。

2. 施工物质准备

技术部门应当根据施工组织情况，制定物资采购计划，提前采购防冻、保暖及设备防冻液等器材，确保在一定温度条件下可以保证工程质量和工期。

3. 隧道工程冬季施工措施

根据有关规定：根据施工当地多年的气候资料，在连续五天的温度稳定在5℃以上，否则不得进行混凝土的浇筑施工。

（1）冬季施工前，做好各项准备工作，采取有效措施及时应对雪、低温冷冻等灾害。

（2）冬季施工时，普通混凝土的抗压强度，达到设计强度40%和5MPa前，应采取保暖措施，如若未采取保暖措施，砂浆强度等级未达到70%前，避免受冻。

5.11.1 关于冬季钢筋焊接

低温焊接施工时，应保证焊接施焊环境尽可能接近常温，即在施焊前做好防护措施及焊接温度控制。①搭设防护密实在防风篷，防止冷空气侵入。②采用火焰加热法，对施焊的焊缝接头进行预热、层温控制、后热处理。

1. 接材料的选择、使用

为保证焊缝不产生冷脆，负温度下焊接用的焊条，在满足设计强度的要求下，优先用屈服程度较低、冲击韧性好的低氢型焊条。

2. 焊接材料的贮存

焊剂及碱性焊条的焊药易潮，特别在负温度时，所以它们在使用前必须按照质量说明书的规定进行烘焙。使用时取出放在保温筒内，做到随用随取。焊剂及碱性焊条的焊药外露2h后必须要重新烘焙。所使用的焊条、焊丝要贮存在通风干燥的地方，保证焊条的良好性能。

3. 焊接专用机具的检查

焊接使用瓶装气体时，负温下瓶嘴在水气作用下容易产生堵塞现象，在焊接作业中就要及时检查疏通。

4. 焊接过程控制

焊前防护，对于焊接这一关系到整体安装质量的特殊工序，必须在施工前严格制定计划，在施工中组织专门的人力、物力，比预定正式施焊时间提前4~8小时进行专题防护，防护必须符合如下要求：上部稍透风、但不渗漏，兼具避免物体击打的功能；中部宽松，能抵抗强风的倾覆，不致使大股冷空气透入；下部承载力足够4名以上作业人员同时进行相关作业，需稳定、无晃动，不因甲的作业给乙的正在作业造成干扰；可以存放必需的作业器具和预备材料且不给作业造成障碍，无造成器具材料坠落的缝隙，中部及下部防护采用阻燃材料遮蔽。

5.11.2 关于冬季混凝土的施工

冬季施工时，将NOF-D2高效泵送防冻剂掺加进C30混凝土，而C20、C30混凝土需掺加NOF-D3防冻剂，目的是降低水的冰点。或者采用蓄热法，即采用塑料膜和养护毯包裹于混凝土外表面。

1. 混凝土的配置和拌制

（1）混凝土，采用强度等级为42.5的硅酸盐水泥，水灰比为0.5。

（2）当拌合混凝土的各项材料温度低于所需温度时，采用温度为80℃的水进行拌合。

（3）在混凝土的拌合过程中，骨料中严禁出现冰雪及冻结块，同时其配合比和塌落度应严格按照标准执行。混凝土的搅拌时间相对于常温时间延长50%，出机温度大于10℃，入模温度应高于5℃。

（4）为避免雨水和冰雪掺入，用塑料布、彩条布等进行遮挡。

2. 混凝土运输和浇注

（1）成品混凝土的运输

尽可能降低混凝土运输时间，同时混凝土运输车应使用塑料膜进行包裹后，再用养护毯包裹，外面再用塑料膜包裹，以保证混凝土的入模温度。

（2）混凝土入模前，清理模板上的污垢，同时保证养护温度在10℃以上。

（3）混凝土养护期间，用棉被，塑料膜等包裹，待强度达设计强度40%及5MPa后拆模。

3. 施工用水加热

（1）冬期施工用水，选用17t锅炉进行加热，温度加至80℃，借助水泵将热水称重后泵入拌合仓。

（2）抽水管应做好保温措施，每天抽水完成后，应放完水管内的水，避免水管冻结。

5.11.3 关于冬季施工机械保养措施

气温降低，设备油缸、液压管接头等处密封件，会裂化收缩造成密封不严出现泄漏，各传动连接件、螺栓也会受低温影响造成强度、刚度下降，如发动机一侧水封盖板漏水、传动轴螺丝松动、销连接脱落等。所以要加强检查，及时发现问题，将小的隐患消除，避免引起大的故障。同时所有在用的机械设备应结合例行保养进行一次换季保养，换用适合寒冷季节气温的燃油、润滑油、液压油、防冻液、蓄电池液等。对停用、在库、待运、待修和在修的机械设备，应由经理部物设部门组织检查，放尽各部存水，并挂上"放水"标志。

5.11.4 冬季施工质量控制措施

1. 温度测定

（1）冬季施工期间，每天对室外温度测量四次，测温时间为6：00、14：00、20：00、2：00，并做好详细记录。

（2）施工过程中，应对骨料加入搅拌机的温度、混凝土出机温度、入模温度进行测量，做详尽记录。

（3）混凝土构建测温：构建测温孔，应当预留于温度变化较明显的部位，并对测温孔编号，绘制布置图。对于柱子，测温孔预留于柱角。测温孔的深度在10~15cm的范围内，测温时，应将温度计放入孔内并加以覆盖，与外界隔绝，在孔内放置3min以上。

（4）对于添加防冻剂的混凝土，当强度小于4MPa时，应间隔2h进行测温，强度大于4MPa以后，每6h测温一次。

2. 试件留置

根据常规取样方法,每次取样留置四块试件,其中一组采用标准条件养护28d,并对其强度进行检测,目的是检测其强度是否符合设计值,两组采用同条件养护,其中一组检测不同龄期的混凝土强度,当强度值到4MPa时,待试件温度降到5℃时拆模,若未达到设计强度,应再加一组试件,待其温度和环境温度之间的差值大于15℃时,其中一组试件转为标准条件进行养护,测定其强度,验证强度是否受温度的影响。

3. 混凝土施工过程中进行热工计算

(1) 对混凝土拌合物的出机温度、运输到运输完成温度、混凝土的成型温度进行计算,根据计算结果进行调整,确保其保温措施,运输方式等是否需要调整。

(2) 热工计算公式

① 混凝土拌合物的温度计算如公式(5-1)所示:

$$T_0 = [0.9(W_C T_C + W_S T_S) + W_g T_g] + 4.2 T_w(W_g - P_S W_S - P_g W_g) + c1(P_S W_S T_S + P_g W_g T_g) - c2(P_S W_S + P_g W_g) / [4.2 w_w + 0.9(W_c + W_S + W_g)] \tag{5-1}$$

式中 T_0——混凝土拌合物的温度,℃;

W_w、W_C、W_S、W_g——水、水泥、砂、石的用量,kg;

T_w、T_C、T_S、T_g——水、水泥、砂、石的温度,℃;

P_S、P_g——砂石的含水率,%;

$c1$、$c2$——水的比热容,kJ/kg·k及熔解热,kJ/kg。

b. 混凝土拌合物的出机温度计算如公式(5-2)所示:

$$T_1 = T_0 - 0.16(T_0 - T_b) \tag{5-2}$$

式中 T_1——混凝土拌合物的出机温度,℃;

T_b——搅拌机棚内温度,℃。

c. 混凝土拌合物经运输至成型完成时的温度计算如公式(5-3)所示:

$$T_2 = T_1 - (\alpha t + 0.032n)(T_1 - T_a) \tag{5-3}$$

式中 T_2——混凝土拌合物经运输至成型完成时的温度,℃;

t——混凝土自运输至浇筑成型完成的时间,h;

n——混凝土转运次数;

T_a——运输时的环境气温,℃;

α——温度损失系数。

5.11.5 冬季施工安全措施

冬期施工,除保证施工质量外,还应确保工人的人身安全,因此,施工人员在施工过程中,应注意以下几点:

1. 派专职人员,对电器设备按时检修,确保冬期的用电安全。
2. 施工期间,应做好防滑防冻措施,避免冻伤摔伤。
3. 加大冬季施工的施工安全宣传力度,以增加冬期施工的安全意识。
4. 由于冬期的天气较为干燥,因此冬期施工应做好防火教育和防火措施,并派专人进行定期检查。

5. 对于大雪或 6 级以上的大风天气应停止垂直运输，并将起吊笼降至地面，切断电源。

6. 风雪停止后，应先试吊起重机，确保安全后，投入工程建设。

7. 起吊设备的轨枕不得铺设在冻胀性土层上，以防土体冻融过程中的地基不均匀沉降，影响起吊设备的正常使用，甚至导致工程安全事故。

5.12 雨季施工措施

雨水对黄土隧道施工的影响极大，因此雨季黄土隧道施工期间，应充分做好洞顶、洞口等部位的排水系统，隧道施工期间，洞内设排水设施，确保雨季施工期间的排水通畅。雨季前，项目部组织安全工程师，根据项目实际情况，制定合理的防雨，防洪措施。应特别注意雨季的用电安全，机电设备做好接地安全装置，施工电缆、电线埋入地下，遇雷雨天气时，切断施工用电。

洪期，应认真执行国家《中华人民共和国防洪法》和《中华人民共和国防汛条例》，落实防洪措施。成立防洪突击队，平时照常施工作业，洪期抢险。施工现场应准备充分的防洪物资，该类物资禁止任何人随意调用。该段时间内，派专人负责与气象部门建立业务联系，时刻关注气象情况，详细记录并及时汇报，以便及时调整施工计划[15]。汛期与上下游河道的闸口做好联系，施工地点做好特殊标志，防汛期间，坚决服从防汛指挥部的领导，洪水过后，项目经理应当立即组织人员进行检查和修复被损坏的设施，争取尽快转入正常施工[16]。

参考文献

[1] 练彩凤. 浅谈施工质量保证体系和措施[J]. 科技与企业，2012，12.164.

[2] 邵天宝. 风积沙隧道安全施工技术方案[J]. 陕西建筑，2009，35(7)，310-311.

[3] 王军. 浅析精细化管理在工程项目施工中的应用[J]. 四川建筑，2013，10.180.

[4] 安国栋. 全面落实"六位一体"管理要求加快推进铁路建设标准化管理[J]. 中国铁路，2008，1-6.

[5] 陈洪琦. 铁路临时施工便道施工恢复方案研究[J]. 黑龙江科技信息，2013，229.

[6] 李学才. 隧道内沥青面层施工组织和安全技术方案[J]. 山西建筑，2013，39(2)：249-251.

[7] 田长勋，汪建立，郭金敏. 喷射纤维混凝土性能研究[J]. 煤炭工程. 2006(8)：87-89.

[8] Olivier Bernard, Franz—Josef Ulm, Eric Lemarchand. A multiscale micromechanics—hydration model for the early—age elastic properties of cement—basedmaterials[J]. Cement and Concrete Research，2003，33(9)：1293—1309.

[9] Anders Ansell. Investigation of shrinkage cracking in shotcrete on tunnel drains[J]. Tunnellingand Underground Space Technology，2010，25(5)：607-613.

[10] 王秀英，谭忠盛，王梦恕等. 山岭隧道堵水限排围岩力学特性分析[J]. 岩土力学. 2008，29(1)：75-80.

[11] 徐干成，白洪才，郑颖人等. 地下工程支护结构[M]. 北京：中国水利水电出版社，2002.

[12] 朱合华，丁文其. 地下结构施工过程的动态仿真模拟分析，岩石力学与工程学报，1999，18(5)：558.

[13] 刘宝许,乔兰,李长洪.基于动态围岩分类的高速公路隧道围岩稳定性评价方法[J].北京科技大学学报,2005,27(2):146-149.

[14] Arild Palmstrom. Characterizing rock mass by the RMI for use in practical rock engineering[J]. Tunneling and Underground SpaceTechnology. 1996,11(2):175-188.

[15] 马显春,石碧波,李军伟.赤平极射投影在隧道围岩稳定性评价中的应用[J].山西建筑,2009,35(4):340-341.

[16] Daniel Dias. Convergence-confinement approach for designing tunnel face reinforcement byhorizontal bolting[J]. Tunnelling and Underground Space Technology,2011,26(4):517-523.

6 小河沟隧道工程概况

6.1 工程简介

小河沟隧道起止里程DK73+754～DK75+557,全长1803m。该工程为双线铁路隧道,其中全长DK75+043～DK75+557位于半径R=1200m的曲线上,剩余部分为直线。隧道内DK73+754～DK75+450段的坡率为3‰,DK75+450～DK75+557段坡率为8‰,工期为36个月。

标段内设计的围岩结构,为等级较低的Ⅴ级围岩结构,主要地质:膨胀土,砂质黄土,地质条件较复杂,其中DK73+754～DK73+779段所处的地层为浅埋黄土,DK73+779～DK73+834段为浅埋黄土和膨胀黏土DK75+054～DK75+089段为浅埋膨胀黏土。其中,出露砂质黄土是Ⅱ级自重湿陷,其能达到最大湿陷深度13m,膨胀土具备吸水膨胀失水收缩的特点,按照自由膨胀率评价这种特性的强弱。

6.1.1 工程重难点

1. 工期紧

隧道全长为1803m,围岩等级较低,施工难度较大,计划采用素质较高的施工队伍,先进的施工设备,以保证施工工期。

2. 通风难度大

隧道长度为1803m,流水作业时,因为施工工作面较多,应当采用适当的通风方案,以保证隧道内的通风顺畅,保证施工人员的人身健康。

3. 不良地质

施工段内的地质主要为湿陷性黄土和膨胀土。在整个运行期间,极易造成坍塌、变形等失稳现象。

4. 环境保护

施工过程中,应做好污水处理、水资源和植被保护,避免出现水土流失和环境污染事故。

6.1.2 水文条件

小河沟隧道位于山西省太原市娄烦县向阳村附近,该段为黄土梁、峁地貌、山峰相连,冲沟发育呈"V"字形,出露标高约1266～1170m,相对高差约96m。地表多为种植土,出露巨厚的第四系上更新统的砂质黄土;在地表下20～60m为膨胀土,膨胀潜势等级为弱,在勘探深度内,未发现地下水。

6.1.3 气象条件

施工区所在地区属温带大陆性季风气候区,受季风及地形影响较大,四季分明。常年季风盛行,冬季严寒,夏季炎热,冬长夏短。境内灾害性天气发生较频繁,常有干旱、干热风、暴雨、冰雹、霜冻等天气出现。年平均气温为8.48℃,最热月平均气温为22.6℃,最冷月平均气温为-7.5℃,年极端最高气温为38.9℃,年极端最低气温为-26℃,土壤最大冻结深度0.90m。

6.1.4 安全预测及重难点对策

1. 安全预测

隧道全长为1803m,为中长隧道,地质条件复杂且受环境影响较大,施工过程中的不可预见性很大,存在坍塌、变形等灾害及隐患,因此在施工组织布置时应全面顾及到隐患的存在。施工段内的不良地质较多,主要有湿陷性的砂质黄土、膨胀土裂隙水等,施工过程中可能会出现坍塌、变形等灾害。

2. 重难点对策

表6-1 本工程重、难点的主要对策一览表

序号	重、难点内容	主要施工对策
1	工程量大,工期紧	①加强施工组织管理和协调,缩短施工准备时间和工序衔接时间,减少外界干扰;②加强施工过程控制,严格执行工艺标准,在保证施工安全及质量的基础下,保证工期;③加强资源投入,保证重点工序工程施工进度满足要求;④采取新工艺、新技术、新方法,提高作业效率。
2	通风难度大	①合理确定隧道各工作面开挖长度,以便通风布置更加合理。②加大隧道内通风量,根据施工需要,合理选用风机及通风管道,确保工作面空气流动量。③为了减少机械设备排放的废气污染洞内空气,选择污染小的施工设备,能采用电动设备的情况下,尽量选用电动设备。
3	隧道不良地质段施工	①加强超前地质预报预警;②膨胀性围岩应加强施工监测,以便指导施工;③施工过程中严格控制施工用水,并遵循"短进尺、少扰动、强支护、实回填、严治水、勤量测、早封闭"的原则;④仰拱及时施工,衬砌紧跟;⑤采用预注浆或径向注浆加强支护。⑥发生变形时,采用多重支护、分次施工支护技术来控制变形。
4	质量要求高	①建立合理质量保证体系,成立质量管理小组,严格责任制和各级岗位负责制;②制定针对本工程的各项质量保证制度、质量控制措施及管理办法;③定期对员工进行施工技术培训并建立考试档案;④不定期组织员工进行质量思想意识宣传教育。
5	环境保护	①建立健全环境保护管理体系,完善管理制度,规范施工行为,达到标准化施工;②合理规划临时工程和临时设施,做好防排水设施,退场时复耕、绿化;③按设计指定位置弃碴,先挡后弃碴,避免污染环境;④废水处理后排放,保护生活水源;有害物质预处理,防止泄漏;⑤严格执行《环保法》的标准,建立项目经理部环保管理体系,实行全面管理。

6.2 施工设计简介

6.2.1 工程依据

中铁工程设计咨询集团有限公司设计相关图纸、资料。

本工程招标所需资料及现场调查内容。

本项目采用的标准、规范、规程如下：

颁布的现行《铁路隧道施工规范》（TB 10204—2002）；

《铁路隧道工程施工技术指南》（TZ 204—2008）；

《铁路隧道工程施工质量验收标准》（TB 10417—2003）；

《铁路隧道施工安全技术规程》（TB 10304—2009）；

《铁路混凝土与砌体工程施工规范》（TB 10210—2003）；

《铁路混凝土工程施工质量验收标准》（TB 10424—2003）；

《铁路混凝土工程施工质量验收补充标准》铁建设（2005）160号；

《铁路通信工程施工技术指南》（TZ 225.2008）；

《铁路电力工程施工技术指南》（TZ 207—2007）；

《铁路给水排水施工技术指南》（TZ 209—2009）；

《铁路工程土工试验规程》（TB 10102—2004）；

《铁路混凝土结构耐久性设计暂行规定》铁建设（2005）157号；

《铁路隧道工程施工安全技术规程》（TB 10304—2009）；

《铁路工程基本作业施工安全技术规程》（TB 10301—2009）；

《铁路工程测量规范》（TB 10101—2009）；

《铁路工程抗震设计规范》（GB 50111—2006）；

《铁路隧道监控量测技术规程》（TB 10121—2007）；

《铁路工程地质勘察规范》（TB 10012—2007）；

《铁路工程施工组织调查与设计方法》及其他相关文件。

本工程指导性施工组织依据铁道部现行的各项施工验标、标准、规范以及指南。

铁道部现行文件：铁建设［2007］140号、［2007］1212号文。铁建设［2007］102号文；铁建设函［2007］1007号文。

6.2.2 工程地质

小河沟隧道位于山西省太原市娄烦县向阳村附近，此路段地形以山地为主，多为黄土梁、峁地貌，冲沟分布广泛，且呈"V"字形，出露高度 h 为1170～1266m；种植土覆盖地表；地表下20～60m为膨胀土，膨胀等级为弱，在勘探深度内未发现地下水。

小河沟隧道为双线铁路隧道，里程全长1803m，历经DK73+754到DK75+557，总工期36个月。除了DK75+043～DK75+557间隧道段位于半径 $R=1200$m 的曲线上，其余均为直线段。隧道内线路为单面上坡，DK73+754～DK75+450段坡率为3‰，DK75+450～DK75+557段坡率为8‰。

隧道区进出口地层岩性包括两种：首层为第四系上更新统；第二层为膨胀土。每一地层主要特点如下：

（1）第四系上更新统

该土层为黄褐色的第四系上更新统风、冲积砂质黄土，密实度不同，含有少量水分，层厚>50m，应力范围 σ 为150kPa～200kPa。

（2）膨胀土

该土层呈红褐色，硬塑状态，结构较密实，棱形状，断口光滑，斜交裂隙分布于土内，结构一般由胶体颗粒组成，部分结构呈钙质形式，应力范围 σ 为 150kPa～200kPa。

6.2.3 设计原则

（1）科学组织，高效协调。如洞门前不设路堑，必须早进晚出，不破坏山体环境。

（2）投入适宜，均衡生产。如一次支护要强，承受部分水和土荷载，浅埋和海底隧道则承受全部水荷载和土荷载，二次初砌作为安全储备。

（3）突出重点、科技领先。如软弱地层必须采用潮喷混凝土，不提倡湿喷混凝土。

（4）安全优质，确保工期。如要实事求是，确定合理工期，合理造价。

（5）文明施工，和谐共建。如应用新技术、新工艺、新材料、新设备、新仪器，反对抄袭图纸[1]。

6.2.4 隧道设计参数

1. 隧道断面设计

根据小河沟隧道位置的工程地质条件、水文地质条件、地形地貌条件、工程难易程度、投资数额、工期要求以及现有的施工技术水平和今后运营条件等因素，对其进行隧道断面设计，具体如图 6-1 所示。

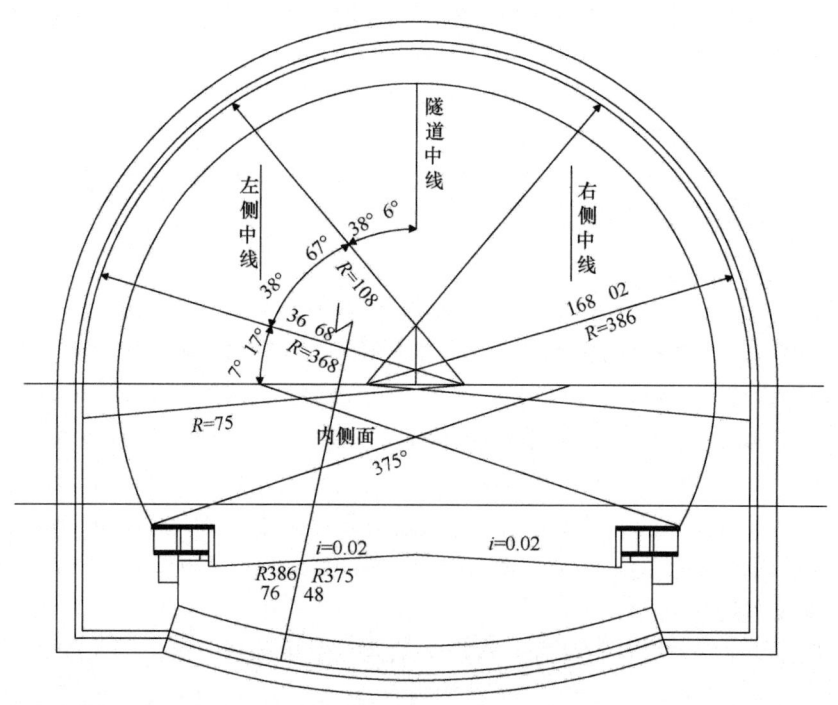

图 6-1 隧道断面设计

2. 衬砌类型及结构形式

不同隧道段采取不同的衬砌手段。其中，整体式衬砌法应用在隧道洞口范围内以及洞门处，明挖式衬砌的法应用于出口 11m 段，其余段选用复合衬砌方法（初期支护和防水层以及二次衬砌组成）开展施工[2]。

表 6-2 衬砌施工循环时间表

工序名称	作业时间(h)	循环时间（h）										
		4	8	12	16	20	24	28	32	36	40	44	48
台车就位	3												
安装止水带、堵头板	3												
浇筑混凝土	12												
养生	26												
拆模	4												

说明：绑扎钢筋、防水层铺设超前衬砌一个循环时间，平行施工。

根据表 6-2 所示，衬砌一次循环时间为 48h，平均按每 2.4 天完成一次循环，台车长度 12m，考虑每月施工时间 30 天，结合均衡施工情况，衬砌作业面每月进度为 150m 计算。

根据开挖、支护进度情况，按照"软弱围岩及时衬砌"的原则进行合理的调整施工工作，具体施工工艺流程图如图 6-2 所示。

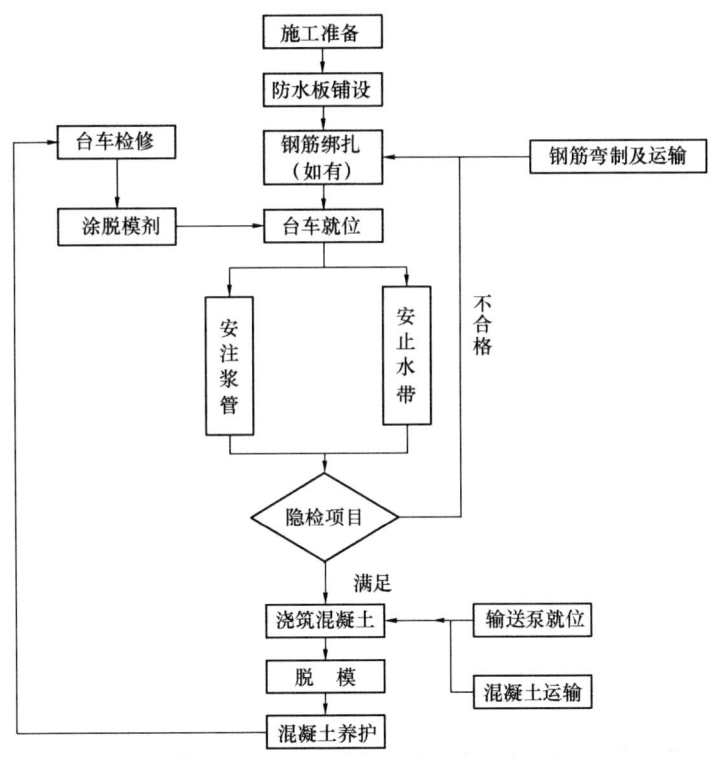

图 6-2 隧道衬砌施工工艺流程图

6.3 施工技术简介

6.3.1 施工工艺选择

1. 工程简介

小河沟隧道位于山西省太原市娄烦县向阳村附近，该段为黄土梁、峁地貌、山峰相连，"V"字形冲沟发育明显，地表出露巨厚的砂质黄土，地表下20～60m为膨胀土，膨胀等级为弱，在勘探深度内，未发现地下水。各地层的主要特征简要叙述如下：

（1）第四系上更新统

该层土质为第四系上更新统风、冲积砂质黄土，呈黄褐色，密实度不同，含有少量水分，层厚>50m，应力σ在150kPa～200kPa之间。

（2）上第三系膨胀土（N）

呈红褐色，硬塑状态，结构较密实，棱形状，断口光滑，斜交裂隙分布于土内，结构一般由胶体颗粒组成，部分结构呈夹钙质形式，无明显的自然陡坎，$\sigma=150\sim200$kPa[3]。

围岩等级为Ⅴ级，土质松散易膨胀，变形量大。

2. 三台阶七步开挖法特点

三台阶七步开挖法是指将开挖面分离，形成上、中、下三种形式，共三台阶七个开挖面[4]。

该方法开挖断面S控制在100～180m²，一般在砂岩、砂岩夹泥岩等地质条件下使用[5]；此方法也有不适用的环境条件——当围岩地质呈现流塑状态，洞口地段呈现浅埋偏压时不可采用，如果使用必须经过一定处理方法，常采用的方法有反压处理和超前大管棚[6-8]。

三台阶七步开挖法具有下列技术特点：

（1）空间大，便于机械化施工。同时，作业面的开挖工作可选择机械开挖机开展，相比人工开挖，开挖速度和效率甚高。

（2）能较快的适应各种工程地质环境，可随时改变施工的顺序和施工措施。

（3）此方法充分考虑并成功避除了侧壁导坑法和中隔壁法等在施工后一些工序，比如拆除临时设备、受力转换所带来的危险，能够依据不同的状况，及时做出调整。

（4）围岩受到扰动发生变形甚至突变时，该法可使闭合时间得到有效控制。

充分考虑小河沟隧道的地质环境条件以及三台阶七步法的优点，本工程选择使用将该施工法应用到实际工程中。

6.3.2 施工技术难点和特点

1. 施工技术难点

（1）依据围岩周围的地质环境以及条件，判断出其开挖尺寸为0.5～0.75cm，及时对围岩开展支护，预防其出现较大变形。开挖时要做好加固措施，以防止围岩开挖时出现塌方。

（2）采取相应技术措施降低开挖面的地下水水位，避免施工过程中出现残存水，影响正常开挖。若出现应及时采取治水措施，同时也要做好砂层固结处理，从而达到"四防"标准：防漏水、防流沙、防坍塌、防底部涌水。

（3）加强现场的测量管理，增加量测次数，及时整理和分析量测数据，遵循信息化的管理施工，采用合理的施工顺序，便于施工的管理。并且及时将所量测的信息递交到有关部门，以准确的控制工程支护的参数信息。在施工过程中，要解决好支护过程中，受力变化带来的危险因素，及时采取预防措施，同时要防止地面的过量沉降。

2. 施工技术特点

（1）前期选线、测量导线、施工放样、竣工验收都需要控制测量。

（2）开挖进尺在 0.5~0.75m 之间，必须得到严格控制。

（3）及时进行支护和加固，以确保施工安全，防止围岩变形带来的危害[9]。

（4）开挖过程中，注重雨水的处理，避免漏水、流沙、坍塌、底部涌水问题的出现[10-11]。

（5）在洞内配置通风机和通风软管，保证其中风压与风量足够，排除烟尘，为施工的顺利开展创造条件。

（6）为了应对隧道内涌水灾害的发生，需要配置移动泵站与抽水能力较强的多级泵站。

（7）地质条件较差地段，仰拱混凝土施工要紧跟，将导流管预埋在局部集中涌水区，尽早实施支护措施[12]。

参考文献

[1] 李国良．大跨黄土隧道设计与安全施工对策[J]．现代隧道技术，2008，01：53-62．
[2] 孙长海．公路黄土隧道的设计与施工技术研究[D]．长安大学，2007．
[3] 王保田，张福海．膨胀土的改良技术与工程应用[M]．科学出版社，2008．
[4] 闻庆权．三台阶七步开挖法在离石隧道施工中的应用[J]．现代隧道技术，2009，6：106-112．
[5] 赵占营．岚山头隧道施工技术及围岩稳定性研究[D]．西华大学，2013．
[6] 李海波．三台阶七步开挖法在大断面隧道施工中的应用[J]．探矿工程（岩土钻掘工程），2010，09：78-80．
[7] 于增义．岩体隧道台阶法施工过程模拟分析研究[D]．山东建筑大学，2011．
[8] 宋从军，郭军，张长亮．三台阶工法的地层使用条件研究[J]．公路隧道，2013，01：28-31．
[9] 顾金才，陈安敏．岩体加固技术研究之展望[J]．隧道建设，2004，24(1)：1-2．
[10] 李雷．大断面黄土隧道弧形导洞法施工关键技术研究[J]．现代隧道技术，2009，02：50-56．
[11] 朱泽兵，张东明．浅埋、富水、软弱黄土地段隧道施工技术[J]．地下空间，2001，02：134－137＋160．
[12] 孟军涛．铁路隧道施工特点及技术[J]．交通世界，2015(15)：147-148．

7 小河沟隧道施工方案设计

7.1 基本原则

(1) 开挖进尺必须得到严格控制，约为 0.5m～0.75m。及时进行支护和加固，以确保施工安全，防止围岩变形带来的危害[1]。

(2) 开挖过程中，注重雨水的处理，避免漏水、流沙、坍塌、底部涌水问题的出现[2]。

(3) 由于围岩开挖断面较大，开挖后地面极易产生沉降，洞室收缩变形速率较快，加之黄土遇水易崩解，为确保施工安全，施工中严格控制每循环进尺，并尽快使仰拱初支闭合成环。

(4) 循环进尺按围岩级别和洞身覆土厚度不等，一般选择在 60～100cm 之间，特殊地段（穿过公路、沟谷下方等）除采取较强的超前支护措施外，进尺应控制在 60cm 以内。

(5) 边墙开挖左右错开 2～3m，仰拱一次开挖长度控制在 3～5m 之间，仰拱初支分次闭合，衬砌整体浇筑。台阶步距控制在 3～5m 之间，要求仰拱初支施工紧跟下台阶，初期支护断面闭合距离不应超过 30m。

7.2 总体施工方案

(1) 始终坚持"早预报、先治水、管超前、短进尺、强支护、快封闭、勤量测，步步为营，稳步前进"的原则组织施工[3]。支护紧跟开挖，加强监控量测，做到稳中求快。以隧道开挖为主要，支护和二衬施工为辅，全部过程都要注意安全施工[4]。

(2) 隧道采用大管棚进洞，洞身岩性分界面、岩体破碎带、粉质黏土采用小导管超前支护，边墙采用砂浆锚杆支护[5]。

(3) 隧道整体施工按照新奥法原理组织，软弱围岩部分的隧道断面分为上中下三个台阶分步开挖，仰拱紧跟下台阶并及时闭合成环[6]。

(4) 开挖主要采用人工配合挖机进行，自卸车出土，初支混凝土采用湿喷工艺，二衬混凝土采用自制全液压衬砌台车浇筑，混凝土设自动计量拌合站集中供应，泵送入模。

7.3 洞口施工方案

1. 洞口段施工

由施工设计图纸可见，隧道进出口段土质为砂质黄土，属于软弱围岩，选用三台阶七步法应对此种较差的地质条件。

2. 地表水连接和预加固

隧道入口部分应该避开雨季施工，洞口开挖之前，削减向上的斜坡屋顶外冲沟水位，大陆斜坡向上不是侵蚀，隧道入口洞顶坡面 5m 外设水拦截地沟；隧道出口明洞刷坡线外 15m 左右设计路段水地沟拦截地表水。顺接路基边沟和沟天沟，选择距离洞口外 2m 处设置一个水平盲沟，规格为 30×40cm，在洞外做反坡排水侧沟，坡度≥2‰，采用 M10 水泥灌浆碎石铺沟，摊铺厚度≥30cm，满足挖掘面一定的排水要求。

针对工程地质条件较差的地段采用预先加固的方法，截水沟侧壁和沟底必须采用水泥砂浆砌片石[7]。

洞顶排水系统应避开雨季施工，并在边仰坡开挖前完成。

3. 拉槽开挖

以量测放样为基础，采用人与挖掘机结合施工的方式进行分层分段开挖，层高控制在 1.5m 左右，坡面修整时选择人工操作。边、仰坡的开挖坚持"边挖边刷"原则，一次性开挖完成。选择最佳的开挖方式—上半断面小切口，此方式具有极强的安全性和稳定性[8]。

4. 边、仰坡防护

依据实际现场和工程地质条件，开挖一个台阶就要做加固措施，尤其是对边坡和仰坡，避免长时间暴露，造成坡面坍塌。结合洞口场地布置与设计，在洞门左侧设翼墙平台式检查梯。

洞口边仰坡采用喷锚网防护，支护参数：HPBΦ8 钢筋、网格间距 20cm×20cm、HRBΦ22 普通砂浆锚杆、长 3.0m、间距 1.2m×1.2m、梅花形布置。

围岩施工过程中，监测点位置选在边坡顶部，通过反馈的信息进一步提高边坡支护强度。

5. 明洞

采用明挖法对隧道出口 DK75+546～DK75+557 段明洞进行施工，施工前清除山体上方危石。避免围岩破坏，选取小型施工手法和机械操作。开挖完成后立即喷射 4～6cm 厚混凝土用以封闭围岩。根据围岩情况变化及时调整支护参数，以加强初期支护效果[9]。

浇筑拱墙主体时从暗洞开始，向外施作，采用液压整体模板台车泵送混凝土一次浇筑成型。拱圈按断面要求制作定型挡头板、外模和骨架，并采取防止走模的措施。

外贴式防水层和边墙盲管的施工时间选在明洞衬砌完成后，边墙底设置 Φ100mm 纵向盲管、边墙后设置 Φ50mm 环向透水盲管，保证排水顺畅。防水层从上而下环向敷设，采用热熔双缝焊接，向隧道内延伸不少于 2m，与暗洞防水板连接良好。

6. 洞口超前支护

依据设计方案以及围岩条件，仰坡挖到拱架安装一定位置时，采取人工开挖等措施后进行暗洞超前支护[10]。

洞口段超前支护设计参数：隧道进口拱部设 30m 长、壁厚 6mm 的 Φ108 大管棚（热轧无缝钢管），管棚环向间距 40cm，外插角 1°～3°。隧道出口拱部设 25m 长度的 Φ108 大管棚，其他参数与进口处一样。

7. 套拱施工

超前支护完成后，根据设计和围岩情况，在暗洞进出口里程外环形开挖，并根据隧道仰坡情况设置钢拱架套拱。隧道出口全断面设置间距为1榀/0.6m的I20b型钢钢架。

为了保证套拱段的初期支护净空尺寸，防止拱顶下沉及侧墙收敛而侵入净空，施工时拱架尺寸应较设计断面放大20～30cm，并与超前支护焊接牢固后，喷射混凝土形成套拱。在套拱混凝土强度到达规定要求时，按相应围岩暗洞开挖方法在套拱底开挖进入暗洞[11]。

8. 根据洞口地形、地质条件，控制边、仰坡开挖高度

不同位置选用不同洞门形式，进口里程DK73+754，洞门采用挡墙式；出口里程DK75+557，洞门采用偏压直墙式。隧道洞门在进洞施工正常后，尽早安排衬砌混凝土施工，待混凝土达到设计强度后，采用M10水泥砂浆浆砌片石对洞门端墙、翼墙背后漏空部分进行回填施工，采用自下而上的顺序，采用设计对称的方式进行分层分步骤回填[12]。在具体的施工过程中，要保护好防水层，对洞口和洞顶的绿化进行防护，防止雨水侵洗，雨季来临前完成洞门施工，避免洞门遇水破坏。洞口段施工工艺如图7-1所示。

9. 灰土挤密桩

明洞、洞门和挡翼墙基础底为膨胀土、砂质黄土，这两种类型岩性承载力低，需要打灰土挤密桩进行处理。

（1）挤密灰土桩成孔时选用沉管、冲击、夯扩、爆扩等方法，一旦成孔需要及时夯填。

（2）夯实孔底后方可填料。材料选用三七灰土，分层回填夯实。

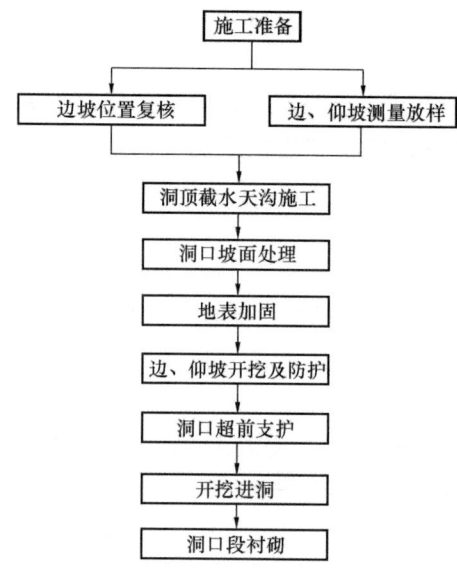

图7-1 洞口段施工工艺流程图

（3）灰土桩施工后，采用50cm厚三七土代替基底以下表层35cm厚的松动层，并分层夯实。

（4）施工前，保持场地平整度。遇到过软地表时，采取相应措施保持施工机械平稳。

（5）开挖后的基坑，不得出现泡水现象；基础筑出地面后，及时采用不透水土夯填基坑，高度要比附近地面略高。

（6）灰土桩施工完成后，用防水板设置于基坑周围，板入土深度≥1.0m[13]。

7.4 膨胀性黄土隧道施工方案及措施

根据设计图，小河沟隧道DK73+779～DK73+834，DK75+054～DK75+089段设计围岩都属于膨胀黏土层，该膨胀性黄土具有以下两个主要特征：吸水膨胀软化和失水收缩硬裂。

1. 施工方案

(1) 三台阶七步开挖法施工,采取拱墙的措施,拱部环形的方法,多个工作面的施工可加快施工的进度,遵循保留核心土的原则,这样利于支撑,不仅稳定性得到加强,安全性也得到保障。

施工过程中尽量避免扰动围岩,避免遇水浸泡,围岩暴露时间不应过长,开挖紧跟衬砌环节。土体开挖造成的洞壁接触引力应在最短时间内得以恢复,防止围岩产生更大的变形。

(2) 超前支护

膨胀黏土隧道土质比较松散,且易变形,所以要采取强度更高的初期支护措施,通常使用管棚或者小导管的方法,考虑钢管直径大、与土体接触时有较大的接触面积,缝隙小的特点,因此其增强了力的作用效果。而超前小导管直径小,刚度又不大,所以注浆时,水泥浆会渗入缝隙当中,凝固后可以增加土体的强度,减小土体的膨胀性[14]。

里程 DK73+779~DK73+834 段,全断面设置间距为 1 榀/0.6m 的 I20b 型钢钢架,拱部设双排 ϕ42 超前小导管(环向和纵向间距分别为 40cm 和 3m,单根长 4.5m,外插角 5°~15°)预支护。

里程 DK75+054~DK75+089 段,全断面设置间距为 1 榀/0.6m 的 I20b 型钢钢架,拱部设 ϕ89 中管棚(长度 40m,环向间距 40cm,外插角 1°~3°)。根据施工设备实际情况,施工单位对工作室断面自行调整。

里程 DK75+526~DK75+546 段,全断面设置间距为 1 榀/0.6m 的 I20b 型钢钢架,拱部设 ϕ108 大管棚(长度 25m,环向间距 40cm,外插角 1°~3°)。

施工工艺见图 7-1 超前支护。

(3) 拱架支撑

膨胀土隧道土质松散且易变形,在打入土体中时,需要采取加固措施,通常的做法是将管棚尾部增加刚性支撑,加强围岩的强度。采用 I20b 型钢钢架,分段组装,利用 ϕ20 螺栓将各段钢垫板连接成整体。安装拱架时尤其要注意开挖面的处理,拱架要与管棚的尾部焊接起来,使棚管或者超前导管的尾部立于拱架的上部,使管棚作用得以最大程度运用,钢拱架之间设置间隔为 1m 的纵向连接筋及钢筋网片,锁脚小导管设置位置选在拱脚处[15]。

(4) 初期支护

膨胀土隧道开挖后,围岩会发生较大变形,需要及时采取初期支护的措施,支护中要使用拌合站拌合的混凝土,混凝土喷射机喷射混凝土密实,以防止塌方的发生。初期支护边墙采用 4m 长的 Φ22 普通砂浆锚杆。

2. 膨胀土施工措施

(1) 膨胀性围岩应加强施工监测,对围岩和支护变形,测量围岩膨胀压力,及时调整设计系数。二次衬砌一般安排在围岩和初期支护变形基本稳定后,变形速率<0.2~0.5mm/d 后为宜。

(2) 根据实际情况调整施工方法。

(3) 据量测结果及下沉量,及时制止仰拱混凝土的渗入,阻止其变形。衬砌仰拱与掌子面的距离<30m。选用半幅施工法开展仰拱施工,上下导坑同时进行。

(4) 开挖原则始终坚持"短开挖、强支护",在土质松软,节理发育严重的情况下,要立即采取对循环进尺进行改变以及加强钢管和小导管的数量及强度的措施,并及时进行二衬[16]。

3. 超前地质预报

(1) 地质超前预报的方法

掌握工程地质的现状及其特点,早预报,早预防。小河沟隧道施工中选用的地质超前预报主要有地质勘探、钻孔超前探测、开挖面等,从而预判出其对工程不利的地质方位、特点、范围以及施工的难度。

(2) 隧道开挖面的地质观测素描

地质素描随隧道开挖及时进行,在每一道施工工序开始时,必须对工程地质条件进行超前预报,并分析与记录围岩的具体状态与情况,施工工序的开展必须在施工安全的前提下开展[17]。

专职地质工程师要做好开挖面的测绘素描,并绘制其地质图样。主要的工作包括:一是观测地质水的情况,如出水的位置、水压力的作用、突水状况等;二是地层岩石特性,如产状分析、节理、影响因素等;三是岩石的特点,如岩石的类型、风化程度、岩石强度等;四是工程地质的结构面情况,如粗糙度、张开性、软弱夹层、贯穿性强的节理等[18]。依据工程地质勘测素描的数据,从而分析出距离开挖面较短距离的岩体的稳定程度,并完成有关地质情况的预测表。

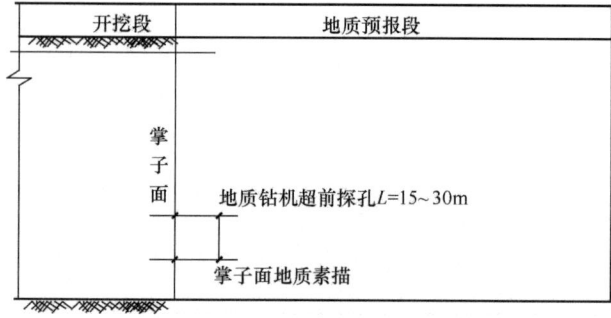

图 7-2　地质预报施工方案示意图

预测过程中,会产生破坏围岩状态的情况,故要采取一定的处理措施,针对出现富水的几率较大的位置,要及时做好防水措施。图 7-2 为地质预报施工方案图,隧道地质预报内容及措施如表 7-1 所示。

表 7-1　隧道地质预报内容及措施表

措施	项目	位置
地质素描 (数码成象)	洞顶及洞壁 掌子面	左侧洞壁、右侧洞壁、洞顶 每 10 米拍摄一张数码 相片计算
超前水平钻探	单孔水平钻探 (一般钻孔深度可达 40~50m) 多孔水平钻探、多孔 CT(按 6 孔计)	浅埋段
应力测试	地应力测试点 水压力测试 软岩物理力学、膨胀性试验 地下水侵蚀性判定取样	深埋段 破碎带、溪谷 按 50m 计划取样一组

(3) 超前钻孔预报

依据所测试的数据,要对富水较多容易出现围岩破碎的地段以及发生岩爆、有害气体释放几率较大的地段,要做好超前地质钻孔的措施,当由于压力作用使得地段变形较大的地段,要做好超前地质钻孔并取芯的工作,分析岩石的力学特性。

使用地质钻机进行施工,对开挖面进行超前钻孔时,通常情况下地质地段做1个超前地质钻孔,涌水地段一般要求3~4个,具体措施如下:每次探孔位15m,开挖12m,保留3m的空间,如需要再次钻孔,进行下一次的钻孔工作。

在工程地质变形稍大的地段,要采取局部超前钻孔并且取芯的措施,合理的考虑并分析岩石的力学性质,并对软岩的特性以及大变形做好治理措施。

(4) 地质信息收集与处理

在进行地质预报时,要严格设立专职地质小组,并派遣专门的地质工程师进行指导工作,要求地质工程师要切实与各个部门协调配合,积极准确的做好资料收集、整理、分析等各项工作,并交付主管技术人员进行详细的复核工作,并且将其结果交付给设计和监理单位,为变更设计以及施工措施的改进提供依据;总结以往的工程经验,对现有的工程地质情况和以前的地质情况进行比较判断,并评价其合理性,为后续工程的超前预报做好基础,分析整理成技术材料,存档保管[19]。

7.5 开挖、出碴运输施工方案

7.5.1 开挖施工方案

(1) 隧道整体按新奥法原理组织施工,主要围岩开挖采用人工配合机械开展。

(2) 初期支护喷射混凝土采用湿喷工艺。其中所谓的湿喷法指把按配合比加水拌制好的混凝土拌合料送入湿喷机,或在喷射机中或进入喷射机前将水加入拌合料并拌合,通过高压风将拌合料喷到受喷面上[20]。

(3) 施工过程中采用超前地质预报,监控量测等预报方式,根据反馈信息指导开挖、支护作业[21]。

7.5.2 出碴运输方案

(1) 小河沟隧道采用无轨运输方式将弃碴运至弃碴场。所谓的无轨运输是指在地下巷道或采场内用胶轮式或履带式自装自卸运输设备运输矿岩的作业方式[22]。

(2) 轮式装载机装碴,自卸车出碴。装碴和运输一律采用高效、低排放设备,以防对洞内带来污染。

7.6 初期支护方案

隧道开挖后立即锚、喷、网支护,洞口段辅以管棚进洞,小导管超前支护在岩性分界面、膨胀土带、粉质黏土段通过。

超前支护大管棚钻孔和注浆时分别采用管棚钻机和高压注浆泵开展。超前小导管、系统锚杆采用凿岩机钻孔施工，挂钢筋网、支立钢拱架采用机械配合人工作业，喷射混凝土采用湿喷工艺施工[23]。

按照设计要求，软弱围岩初期支护预留变形量为10cm。根据反馈的监测信息及时对支护参数和预留变形量做出适当调整。

监控测量是施工组织设计的重要环节，该部分工作要求紧跟开挖和支护严格按照设计要求和规范布点和监测，并根据实际情况对测量的项目和内容进行调整和增加[24]。

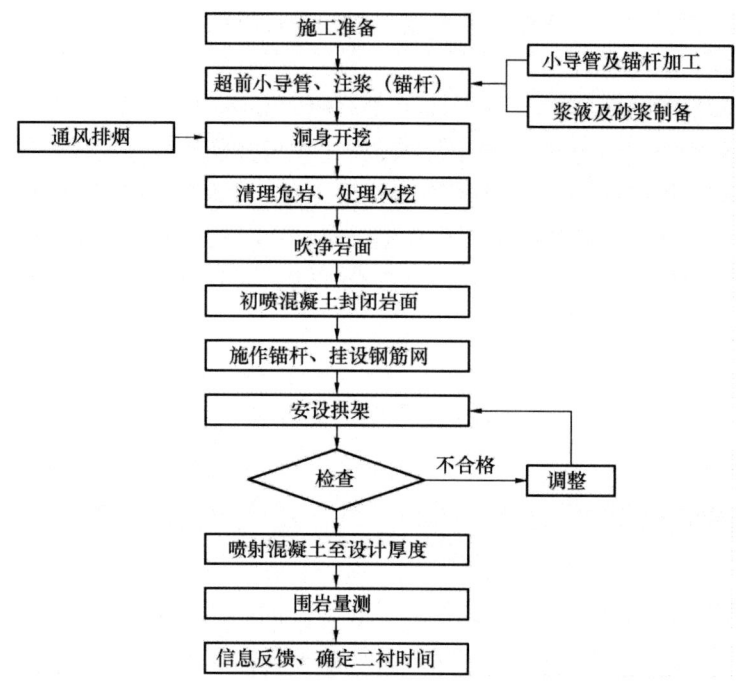

图7-3 隧道初期支护施工工艺流程图

7.7 仰拱、排水及机械化配套施工方案

（1）采用仰拱栈桥手段进行整幅施工，仰拱先行，浇筑成型一次性到位。二衬时选择先墙后拱法施工，仰拱施工工艺具体见图7-4。

（2）在铺设防水板之前，及时检查初期支护是否渗漏水，若有漏水现象，采取埋管引排、局部注浆等措施进行处理，防水板铺设采用作业台架。

（3）隧道洞口范围内与洞门采用整体式衬砌，出口11m处衬砌法选用明挖式衬砌，其余地段均采用复合式衬砌。衬砌时选用整体式模板台车泵送工艺，混凝土在进洞前拌合完毕，进洞的运输工具选择混凝土搅拌运输车[25-27]。

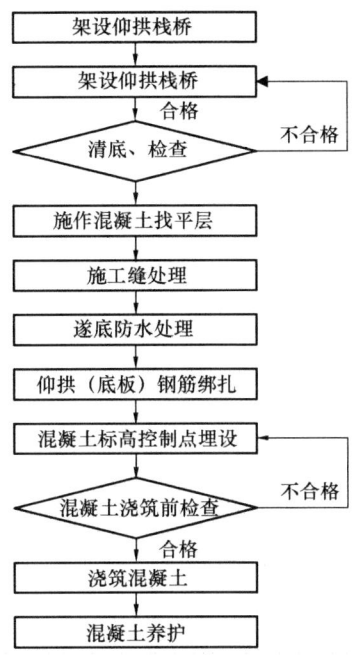

图 7-4 隧道初期支护施工工艺流程图

参考文献

[1] 顾金才，陈安敏．岩体加固技术研究之展望 [J]．隧道建设，2004，24（1）：1-2.
[2] 隧道与地下工程技术及其发展 [M]．北京交通大学出版社，2004.
[3] 张军．洞库软弱断层破碎带掘进施工控制技术分析 [J]．四川建材，2014，40（3）：273-275.
[4] 王梦恕．隧道工程浅埋暗挖法施工要点 [J]．隧道建设，2006，26（5）：1-4.
[5] 匡小慧．葡萄山特长公路隧道（酉阳段）快速施工技术研究 [D]．西南交通大学，2009.
[6] 郑金明，刘高，谢裕江．新奥法在山岭隧道软岩工程中的应用及存在问题 [J]．施工技术，2011，S2：80-84.
[7] 陈鸿．岩溶对隧道的影响及治理 [J]．隧道建设，2009，2.
[8] 裴洪军．城市隧道盾构法施工开挖面稳定性研究 [D]．南京：河海大学，2005.
[9] 刘跃峰．柳洪电站主副厂房开挖与支护施工方案研究 [D]．西安理工大学，2008.
[10] 何历超，王梦恕，李宇杰．浅埋大跨小间距黄土隧道支护技术研究 [J]．岩土力学，2013，S2：306-310.
[11] 匡小慧．葡萄山特长公路隧道（酉阳段）快速施工技术研究 [D]．西南交通大学，2009.
[12] Yanjun Z, Huakuan L I U. 地下拱箱复合结构隧道明挖顺筑法修建关键技术 [J]．隧道建设，2013，33（5）：407-411.
[13] 李川．水泥土挤密桩在黄土隧道基底加固中的应用研究 [D]．西南交通大学，2009.
[14] 张国辉．南山口黄土隧道施工技术研究 [D]．中国地质大学（北京），2010.
[15] 夏添．黄土隧道支护方法对其稳定性影响研究 [D]．郑州大学，2012.
[16] 姜昭群，郭启锋，胡时友等．锚索预应力实时遥测系统在地质灾害中的应用 [J]．岩土锚固工程，2009（4）：1-5.

[17] 王智. 黄土隧道中地质雷达超前预报图像的实例分析 [D]. 长沙理工大学, 2010.

[18] 尚岳全. 地质工程学 [M]. 清华大学出版社有限公司, 2006.

[19] 郭伟伟. 隧道施工超前地质预测预报综合技术方法研究 [D]. 西南交通大学, 2006.

[20] 秦立荣. 湿式喷射混凝土技术 [J]. 隧道建设, 2003, 23 (1): 38-40, 57.

[21] 郑凯, 刘保国. 复杂地质条件下大跨度双连拱隧道监控量测技术的运用 [J]. 隧道建设, 2006, 26 (2): 53-56.

[22] 刘梦醒. 中长隧道无轨运输施工通风技术研究 [J]. 山西建筑, 2005, 31 (1): 200-201.

[23] 张凯. 公路大跨度隧道开挖及初期支护施工 [J]. 隧道建设, 2007, 27 (4): 65-68.

[24] 冯丙阳. 膨胀性黄土隧道大变形演化特征及支护对策研究 [D]. 山东大学, 2014.

[25] 李鹏飞, 张顶立, 赵勇, 周烨, 房倩, 张翾. 大断面黄土隧道二次衬砌受力特性研究 [J]. 岩石力学与工程学报, 2010, 08: 1690-1696.

[26] 牛泽林, 霍润科. 黄土铁路隧道衬砌结构可靠性分析与研究 [J]. 西安建筑科技大学学报 (自然科学版), 2012, 02: 193-197.

[27] 张召. 预切槽法开挖黄土隧道地层变形规律及掌子面稳定性研究 [D]. 北京交通大学, 2014.

8 小河沟隧道施工工艺

8.1 测量方法

1. 测量方法

开工前，需要对设计单位交付的地面控制桩及永久性水准点进行二次测量，确保桩位精确。根据测量成果，选择相应的控制测量方法，再联测各隧道工区，并在工区出口布设至少 3 个固定的导线控制点和 2 个以上水准控制点，控制隧道中线和标高[1]。增设 2~3 个保护桩于主要桩位周围，为确保其精准度需要定期检查。对隧道控制测量采用以下新技术以保证隧道精确贯通：采用 GPS 控制网作为洞外的平面控制方式；GPS 采用平差处理软件，洞内导线观测时选用全站仪，平差处理时以"之"字形导线的形式进行[2]。

2. 洞内导线测量

洞内测量主要内容包括施工中线测量、水准测量及施工断面测量。先将洞外控制点引进入洞 100~300m 进行施工中线测量、水准测量及断面施工测量并布设控制桩[3]。控制桩设置位置为隧道底板，水准点布置呈"之"字并于隧道两侧。采用最明显的标志标控制桩和水准点，并加强保护以保证施工进度顺利开展[4]。

3. 隧道横断面测量

每次开挖结束后，及时进行断面测量，采用激光断面测量仪开展，整理出可靠数据为后续施工做指导[5]。

4. 控制网布设及其优化

导线尽量沿隧道中线布设成双导线。同时，为确保洞导线点的精度需要将进洞边导线控制点设成两个三角网[6]。

由于所布导线点不能完全满足施工需要，因此可根据现场施工情况，采用不同的测量方法，以满足现场施工需要。

5. 外业施测

选取 12 测回法测量水平角。各项现差严格按国家大地网二等导线的要求规范。观测导线折线，测左角和右角时分别用奇数测回和偶数测回的度盘位置。取二者中数作为最终测量结果，具体计算公式如下：

$$\Delta = （左角）中 + （右角）中 - 360°^{[7]}$$

（其中，所有测站中 $\Delta_{max} < \pm 0.5$）

提供良好观测条件，尽量减小诸如喷射混凝土的施工干扰。

6. 内业计算

利用计算机工具，整理、平差观测数据，方法采用对两组对算、复合。平差计算选用

ESCAD 测量平差软件,首次使用需要对输入的导线网相关平差程序调试运行、复核,结果一致可证明控制网的平差成果是可靠的。

7. 工作要求[8]

(1) 作业前严格检验仪器,确保精准度,可选择法定具有国家资质的单位定期进行鉴定;
(2) 严格按照国家二等导线测量的仪器级别测量;
(3) 严格执行换手复测制度;
(4) 导线沿隧道中线布设,成直伸形;
(5) 混凝土包铁心桩为导线桩埋设最优选择位置;
(6) 为了缩小方位角传递误差,应该尽量拉长导线边长。

8.2 隧道开挖

隧道整体按照新奥法原理施工,软弱围岩开挖则选择三台阶七步法,施工中以机械开挖为主,辅助人工开。围岩开挖方法如表 8-1 所示。

表 8-1 小河沟隧道开挖方案表

围岩级别	开挖方法	机械配合
正洞软弱	三台阶七步法开挖	风镐配合机械开挖,非爆破法开挖

软弱围岩由于围岩较差,为确保施工安全,该段采用三台阶七步法开挖法施工。

三台阶七步法施工工艺如图 8-1 所示,开挖方法如图 8-2 所示。

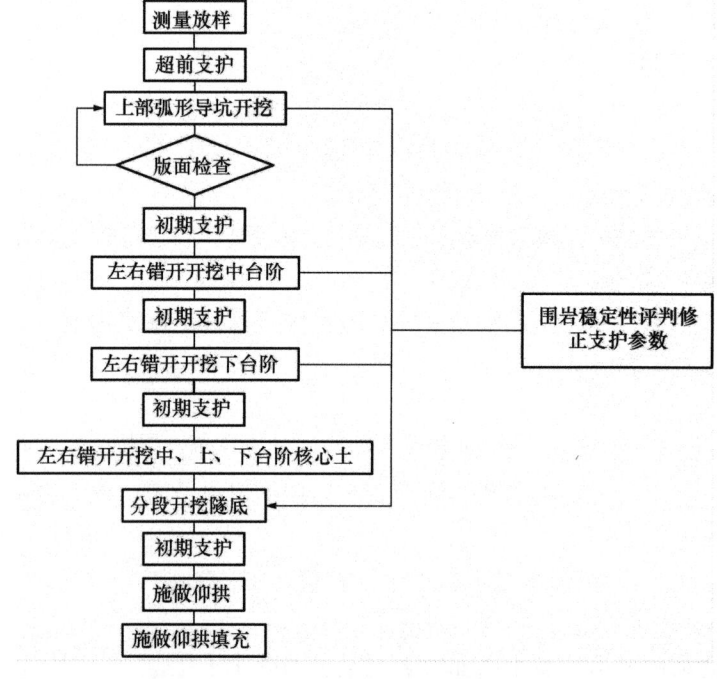

图 8-1 三台阶七步法施工工艺流程图 [9]

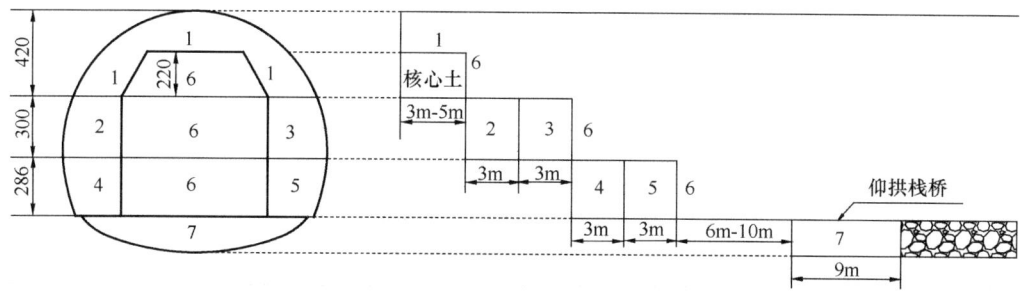

图 8-2 三台七步法开挖示意图
1—上部弧形导坑开挖；2—左侧导坑开挖；3—右侧导坑开挖；4—左侧导坑开挖；
5—右侧导坑开挖；6—预留核心土开挖；7—仰拱开挖

施工方法：

（1）上部弧形导坑开挖：该操作实践选在完成拱部超前支护后，采用环向开挖施工，预留一部分长度约为3～5m、宽度为隧道宽度1/3～1/2的核心土。开挖循环进尺以初期支护钢架间距为依据，一般≤1.5m，开挖后的掌子面喷射厚5cm的混凝土。开挖后立即进行支护工序，钢拱架、锚杆、网系统等方式是最常用的支护手段。其中，琐脚锚杆打设位置选在钢架拱脚上端约30cm处，需要紧贴钢架两侧边沿下倾角30°，钢架与锚杆采用焊接方式连接，并用混凝土进行复喷，并达到设计厚度[10]。

（2）左、右侧中台阶开挖：开挖进尺的确定依据为初期支护钢架的间距，数值一般≤1.5m，开挖高度约在3～3.5m之间，开挖后立即喷射混凝，混凝土厚度约为3～5cm。支护工序同上部弧形导坑开挖[11]。

（3）左、右侧下台阶开挖：方法同左、右侧中台阶开挖。

（4）上、下、中台阶预留核心土：各台阶分别进尺与各台阶循环进尺相一致的核心土。

（5）隧底开挖：开挖长度在2～3m之间，开挖后及时开展初期支护。两个隧底开挖工序和支护循环完成后，及时填充仰拱，分段长度4～6m[12]。

8.3 超前预支护方法

超前支护是在软弱围岩施工中保证其稳定性和安全性的最有效施工手段[13]。

1. 超前小导管

导管特征具体如图8-3所示。同时，外插角控制在5°～15°间，导管尾端≤1.0米位置处需要焊接$\phi 8$加劲箍，不可钻孔。导管采用风枪钻孔后插入、人工或机械外力击入或正顶入均可。

（1）施工工艺流程

超前小导管工艺流程如图8-4所示。

（2）施工方法

① 布孔：以小导管的施工设计和开挖断面的中线为依据布置孔样。

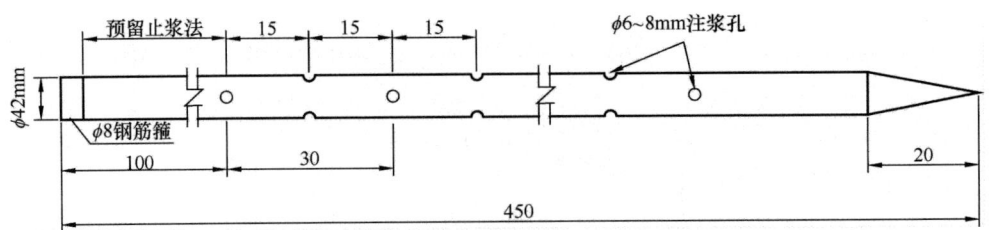

图 8-3 小导管加工示意图

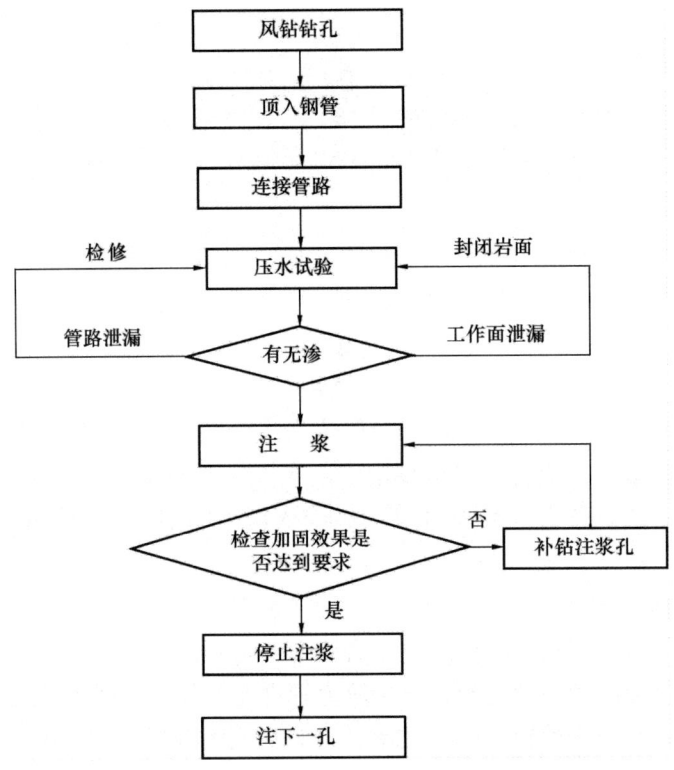

图 8-4 小导管超前支护施工工艺流程图

② 成孔：定位好方向架，进一步确定打孔方向、位置和仰角等，然后成孔时选用钻孔台车，打孔方向垂直，孔径相比钢管直径大出 3～5mm。钢管打入围岩角度与隧道轴线仰角 10°～15°。

③ 插管：当管孔与导管的方向、角度一致时安设插管，使用钻孔台车推导管入洞，并保持导管尾端外漏于管孔道≤30cm 为佳。

④ 封口：为了加强封闭效果，在管尾喷射混凝土，其中，混凝土厚度约为 5～8cm。

⑤ 一排小导管注浆工序结束后，依次进行拱部开挖、径向系统锚杆施作、钢筋网布设、混凝土喷射，立钢拱架等工序[14]。

2. 注浆[15]

选用单管或多管并联自上而下注浆，注浆完成立即堵塞孔口。图 8-5 为小导管单液注浆示意图。

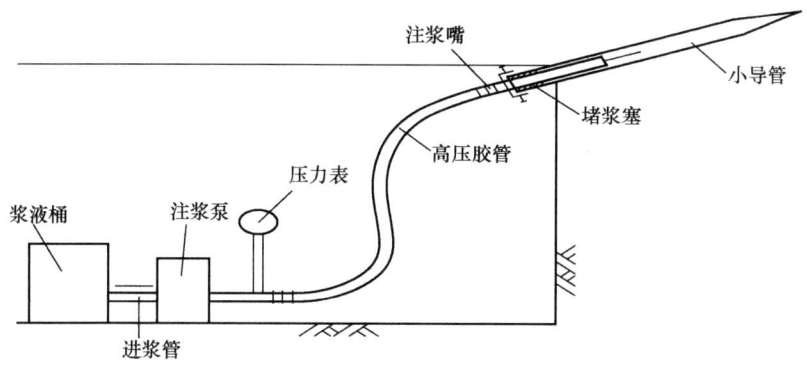

图 8-5 小导管单液注浆示意图

(1) 浆液选择：

水泥～水玻璃双液注浆。

(2) 配合比：

水泥与水玻璃浆液比为 1∶1～1∶0.6，水与泥浆 1∶25～1∶08，水玻璃浓度要求为 35Be'。

注浆压力与渗透地下水（涌水）压力的关系如下：

$$p = (0.2 \sim 0.5)H_1 \times k^{[16]}$$

式中 p——洞内注浆；

H_1——孔位至静水位高度，m；

k——洞内修正系数，$k=1.2\sim2.0$。

(3) 注浆量：

注浆过程中需要选择适量的注浆量才能取得良好的固结和堵水效果，过多注浆量造成扩散范围扩大，开挖进度和浆液成本都受到很大程度影响。因此，设计扩散范围时需要按开挖轮廓线外 0.3～0.5m 进行，选择适当的注浆量。

浆液单孔注入量 Q 的大小主要估算依据为扩散半径和岩层的裂隙，具体计算式如下：

$$Q = \pi \cdot r^2 \cdot H \cdot \eta \cdot \rho (\text{m}^3)^{[17]}$$

式中 r——浆液扩散半径，m；

H——压浆段长度，m；

η——岩层裂隙率，一般取 1～5%；

ρ——浆液充填系数，约为 0.3～0.9。

(4) 凝胶时间：

凝胶时间的长短受掌子面地下水含量和浆液压设条件影响，一般为 3～5min，也可以根据实际情况做适当调整。

(5) 注浆方式：

GJB3 型双液注浆泵注浆，采用孔口混合器全孔一次压注。

(6) 浆液制备：

水泥浆使用水泥净浆搅拌器造浆；水玻璃浆液根据要求的波美度在注浆前加水稀释，并用专门的储浆筒存放。

(7) 注浆孔的钻进：

风动凿岩机钻孔，钢管尾部要注意保护，特别是在顶管时，避免出现破损。钢管尾部应预留 30cm，打入围岩长度为 4.2m[18]。

(8) 注浆管的安装材料：

管身带孔，一端为尖头的钢花管作注浆管。

图 8-6 为注浆管的安装方法步骤图。

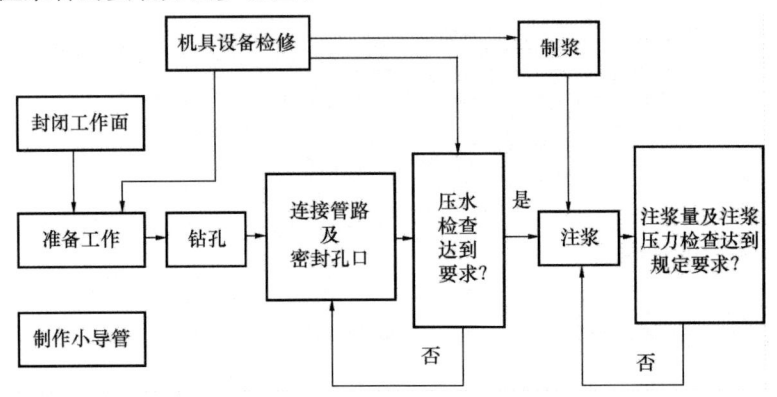

图 8-6　注浆工艺流程图

(9) 造设止浆岩盘：

止浆岩盘有止浆岩墙和喷射的混凝土组成，关乎注浆的成功与否[19]。具体造设方法是：预留（0.2～0.3）L 的岩盘，将留在掌子面中的松动岩石清理干净，在整个掌子面及 3m 范围内喷射厚度为 15～20cm 的 C20 混凝土，喷射效果必须达标。同时，增设防护帽（用竹筒制作）对注浆管加强保护，防止注浆管被混凝土堵塞[20]。

(10) 注浆顺序：

先注无水孔，后注有水孔；先注小水孔，后注大水孔。

(11) 注浆压力控制：

注浆压力的选择以孔口压力表显示数值为准，并使用注浆泵调整其数值大小[21]。

(12) 注浆泵量的控制：

根据地层吸浆（水）率或钻孔出水量确定泵量大小。分两种情况：无水时和有水时，第一种情况下采用先压注单液水泥浆法测定钻孔的吸浆率；第二种情况下依据钻孔出水量和泵能力定位泵量大小[22]。

(13) 浆液凝胶时间的控制：

浆液凝胶时间主要受浆液浓度、配合比和泵量影响。通常是不能频繁变化钻孔注浆时的配合比与凝胶时间的，但是在跑浆和超范围扩散等情况下，凝胶时间必须缩短；如果遇到必须频繁变换浆液浓度和配合比时，凝胶时间必须按时在泄浆阀测定，以此也确保机况的正常和配合比的准确度[23]。

(14) 注浆结束标准：

注浆结束时间选在注浆压力达到或接近设计终压值时。

(15) 注浆异常现象处理

注浆过程中会出现类似串浆、堵管的异常现象。一般采用多台泵同时注浆或堵塞串浆孔处理串浆现象，而处理由于浆液压力突然升高造成的堵管现象时则必须停机检查。

3. 长管棚施工

根据设计图纸，出口洞口段地层为浅埋膨胀黏土层，为了保证进洞安全，设置 ϕ108 超前管棚（长 25m，环形间距 0.4m，外插角 1～3°）预支护。中部采用 ϕ89 超前管棚（长 40m，环向间距 0.4m，外插角 1～3°）预支护。管棚采用热轧无缝钢管制作，钢花管制作如图 8-7～图 8-8 所示[24]。

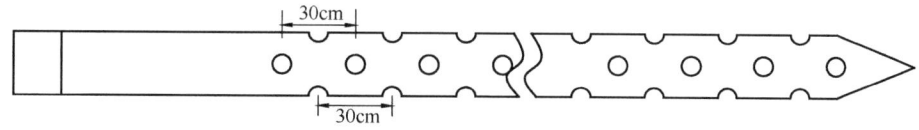

图 8-7 Φ89 钢花管示意图

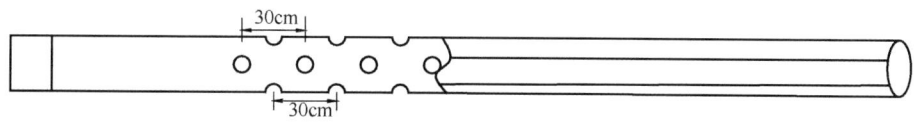

图 8-8 Φ108 钢花管示意图

（1）管棚施工工艺

① 当开挖至拱顶时，需要标记出隧道中心线和拱顶标高。开挖预留核心土作为施工套拱和管棚施钻的工作平台（宽度 2.5m，高度 2.0m，两侧宽度 1.5m）。

② 配备管棚和管钻机能提高钻孔成孔率。干钻工艺能提高洞口边坡稳定性，因此被广泛采用。

③ 钻机立轴方向必须控制好，始终坚持一个钻孔成孔后立即推入钢管。

④ 注浆工序开始前，按照规定在开挖工作面、拱圈及孔口管周围岩面喷射 10cm 厚的混凝土，以此避免注浆时出现的岩面裂缝跑浆现象。超前长管棚施工工艺如图 8-9。

（2）顶管工艺

将管棚沿引导孔钻进，直至孔底。

① 钢管顶进的作业要点

管件制作：现场制作，长度为 25m，第一根钢管顶入孔内后，再逐根连接。

接管：第一根钢管推进孔内当外漏 30～40cm 时，使用连接套将两节钢管焊接连接一体。然后选用凿岩机，将钢管在其冲击压力和推进压力作用下低速推入孔内。

管棚补强：一般常用方法有增设钢筋笼和管内注浆。

纵向同一横断面内的接头数控制在二分之一之内；相邻钢管的接头错开距离≥1m；纵向两组管棚搭接长度不可小于 3m。

② 安装后的管棚需要密封其管口和孔壁空隙，材料一般选择麻绳和锚固剂。

③ 采用 GJB3 型双液注浆泵全孔一次压入式注浆。注浆时分奇数号和偶数号孔，首先对奇数号孔注浆，浆液通过钢管注浆眼压注入孔壁的缝隙内，固结约为 1～2 天后再对偶数号

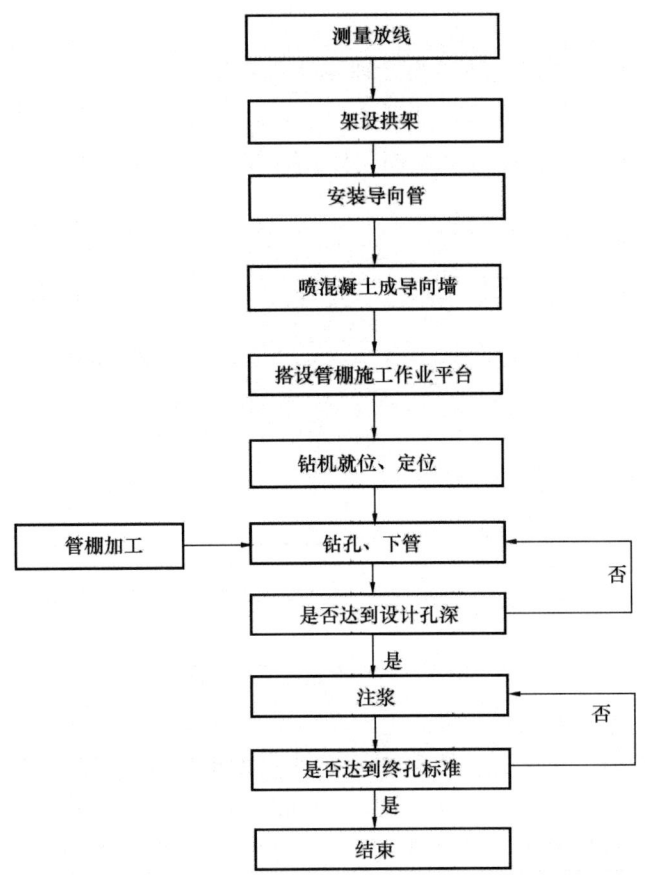

图 8-9　超前长管棚施工工艺流程图

孔注浆。

8.4　仰拱施工方法

隧道采用仰拱先行于衬砌的施工方法开展施工。当进行到不稳定软弱围岩段时，保证仰拱与开挖面相距 40m。只有在混凝土强度达到 100%时才允许正常通行。为了保证掌子面开挖的连续性，运输车辆通过仰拱施工位置时需要采用移动式栈桥的方式。

仰拱的混凝土浇筑环节要紧跟在开挖环节之后，浇筑过程中使用插入式振捣器振捣混凝土，提高其均匀性、密实度和浇筑质量。浇筑过程中，为了给拱墙衬砌时的连接提供便利需要预留足够数量的钢筋接头。此外，填充混凝土需要满足以下两点：

（1）仰拱上的虚碴、杂物和积水等需要进行彻底清除。

（2）保证填充后的混凝土表面平整，无凹凸、损坏现象，横坡、纵坡与设计一致。

仰拱施工工艺及防干扰栈桥施工如图 8-10、图 8-11 所示。

8 小河沟隧道施工工艺

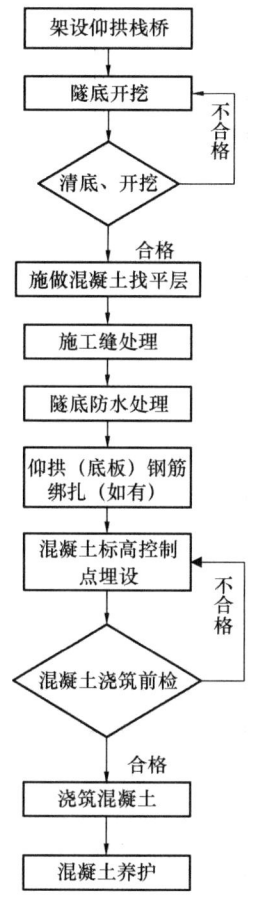

图 8-11 移动式仰拱施工栈桥示意图

8.5 初期支护

隧道经过湿陷性黄土地区，基板的承载能力不能满足结构的受力，隧道完工后基底会出现较大程度的变形。

基地变形特点主要有两个：湿陷变形和部分压缩变形。其中，导致湿陷变形的原因主要有：（1）基底加固不及时；（2）周围水环境的影响。变形带来的影响能直接威胁隧道安全运行，主要包括衬砌结构环、纵向开裂。因此，选择采用以下两种原则和方法进行处理基地变形：

（1）隧底加固原则

膨胀性黄土隧道基底加固工作需要做到内外兼顾，先保护后加固。水是影响黄土隧道施工的重要因素，因此需要将水的影响作用考虑进地基处理方案中，合理制定应对水影响的工程措施，处理好地基土，增加隧道地基承载力。

（2）隧底加固处理技术

多数膨胀性黄土隧道地段岩层特点为：有明显垂直节理发育；土层厚；地层承载力较低；围岩条件非常差。

在应对膨胀性黄土地基工程技术问题上，我国常用的处理方法有碾压、换填、CFG桩、注浆、高压灌浆、高压旋喷桩等。但是，上述方法在隧道开挖工程中的应用实例较少，尚缺乏一定实践经验。水泥挤密桩和树根桩是在处理湿陷性黄土隧道基底时常被采用的方法。

较大的孔隙率和松散度，赋予湿陷性黄土较强的湿陷性。水泥挤密桩在湿陷性黄土隧道施工中发挥重要作用，其原理是夯击挤密消除其大孔隙进而消除湿陷性，继而对地基起到加筋的作用。施工作业面小，有限的围岩振动影响是湿陷性黄土隧道施工的显著特点，需要在对隧道基地做加固技术时对挤密桩的桩身材料、施工机械的选择、桩间距的选择做一定优化。

8.6 二次衬砌

整体式衬砌方式选择位置在隧道洞口范围内与洞门处，复合式衬砌应用在其余地段。为了最大限度减少衬砌与出碴时出现的干扰，需要配备一台12m长整体式液压钢模板衬砌台车，采用混凝土输送泵灌注。依据隧道内部净空尺寸对衬砌模板台车进行设计、制造，选用合格率为100%的材料加工台车。经监理单位验收合格后的衬砌台车才能够投入正常使用（验收方法：查设计资料，产品验收合格证明，现场验收）。台车结构尺寸见钢模液压衬砌台车示意图，如图8-12所示，台车整体尺寸允许误差如表8-2所示。

表8-2 整体尺寸误差表

序号	项目名称	误差范围
1	轮廓半径	±2mm
2	模板平整度	≤1 mm/2m
3	模板错台	≤1 mm
4	模板间隙	≤1 mm
5	模板外轮廓表面纵向直线度误差	≤3 mm
6	模板台车前后端纵向轮廓度误差	≤3 mm
7	对角线误差	≤3 mm
8	长度误差	≤2 mm
9	宽度误差	≤1 mm
10	轮廓面（弧面）平面误差	≤2mm
11	相邻浇筑段表面高低差	±2mm

隧道衬砌施工工艺流程如图8-13所示。

8 小河沟隧道施工工艺

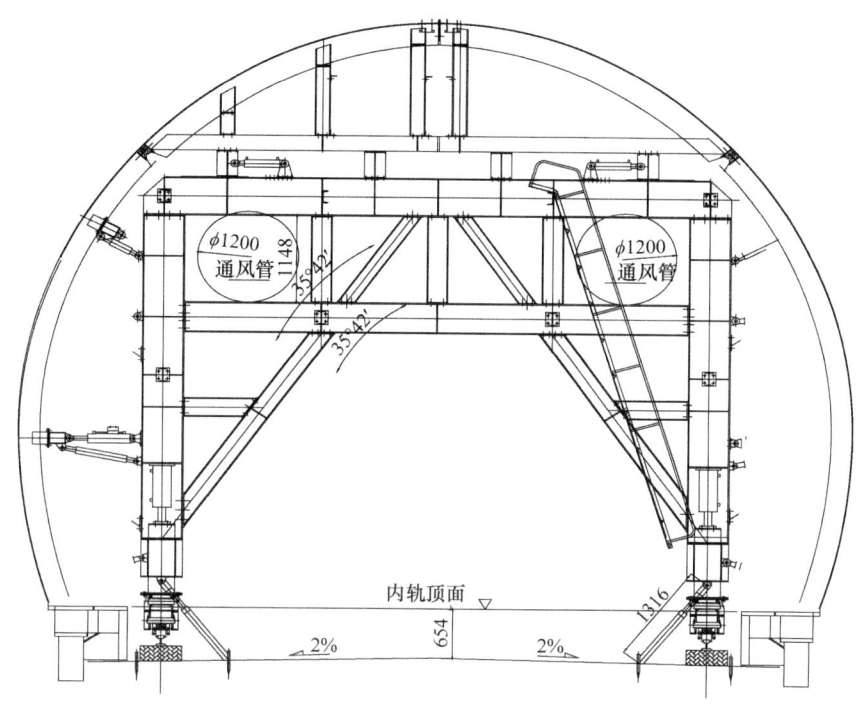

图 8-12 钢模液压衬砌台车示意图

1. 施工准备

进行混凝土二次浇筑前需要做如下工作：

（1）将初期支护过程中，留下的锚杆头、小导管头等杂物从二次衬砌范围内清理干净，并喷射混凝土找平。

（2）完成衬砌台车拼装，对模板的刚度、液压系统、模板表面平整度、模板接缝错台情况处理等各项指标进行细微的检验。

（3）画好预埋孔洞的里程位置详细图，根据设计加工好预埋孔洞的模板。

（4）处理残留物等物质，保证浇筑混凝土前将基底上层的清洁度。

（5）环向排水管、排水盲沟、土工布和防水板布设完毕后进行检验，并确保合格。

2. 施工测量

台车就位前，对隧道中心线和衬砌台车轨道线进行测量放样，误差控制在 10mm，并用红色油漆对出台车的就位标高和变线做出标记，方便台车就位。

3. 钢筋制作与安装

衬砌使用的钢筋需要在场外运作，将其搭接长度和接头预留段距离考虑到下料计算中，下料完成后为了保证焊接效果，在加工场焊接完成即可。防水板铺设截止方可开始衬砌钢筋绑扎。在台车上安装和绑扎钢筋。

衬砌钢筋施工应符合以下要求：

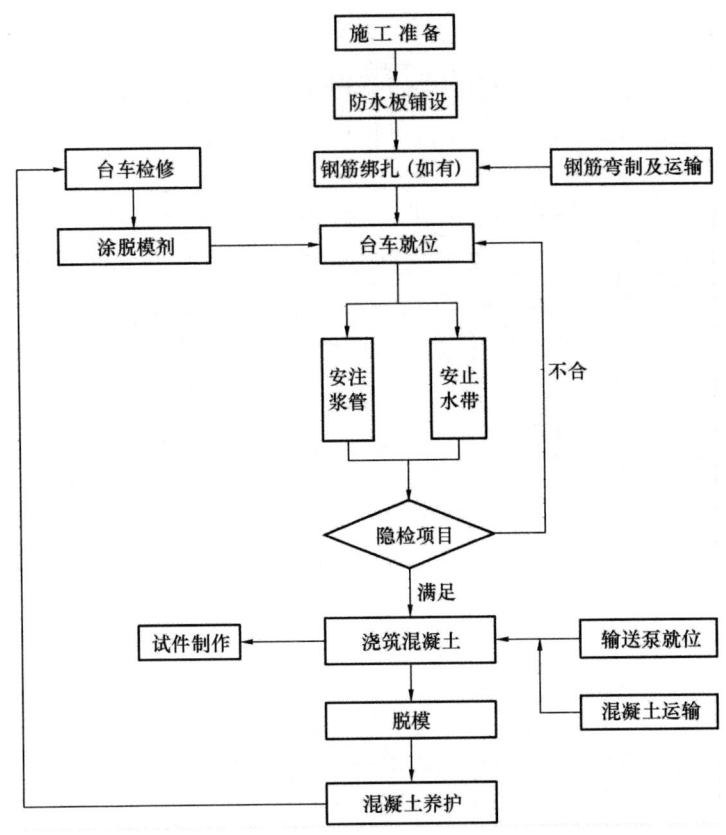

图 8-13 隧道衬砌施工工艺流程图

(1) 衬砌钢筋的规格、型号、机械性能、化学成分、可焊性等符合规范规定和设计要求,钢筋进场投入使用前必须进行抽样检查;

(2) 衬砌钢筋开始进行弯制工作,事先需要做到以下工作:首先调直钢筋,然后把钢筋外面的残积物、附着水泥、锈蚀物质等整理完毕。处理完成,其合格标准是其切面没有削减伤痕。选择使用冷拉法调直钢筋,调直后的钢筋根据级别差异,调直伸长率也不同,一级钢筋调直伸长率≤2‰,二级钢筋≤1‰;

(3) 采用焊接工艺对钢筋主筋进行接头,接头质量必须符合《铁路混凝土与砌体工程施工规范》(TB10424—2003)(以下简称《规范》)的要求。直到焊接试样符合规范才能进行复合实际工程条件的焊接施工;

(4) 受力筋焊接时需将接头错开 $35d$ 的长度(d 为钢筋直径),且搭接长度 $\geqslant 50cm$。

(5) 焊接搭接部分距弯曲部分 $\geqslant 10d$。

4. 台车定位

(1) 轨道铺设

铁路最佳轨道铺设材料为大于 $P43$ 的钢轨,短枕采用木枕,两者间使用轨垫板铺设。

为轨道与隧道的中线基本接近,保持差距不超过10mm。

(2) 台车准确定位

使用五点定位法对台车定位,所谓的五点定位法是指以衬砌圆心为原点,建立出平面坐标系,确定出控制拱部模板中心点、拱部模板同墙部模板的两个铰接点、两墙模板的底脚点,通过五点的定位来精确台车位置[25]。

混凝土浇筑过程中会出现台车上浮的现象,因此,一般将三个30t千斤顶顶在台车前部分,为了防止该现象带来拱部错位,需要将拱顶增设支撑。

台车放置完毕后,在小边墙墙面划分台车放置高度和就位边线,根据标高以及边线就位完毕,再次检验台车的空间大小和拱顶高度,以确定隧道衬砌净空符合设计标准。

5. 混凝土的运输

采用混凝土传输罐车进行传输。途中采取相应措施防止混凝土发生离析、漏浆现象,混凝土要有较强的和易性、坍落度,不影响混凝土浇筑与捣实。一旦出现漏浆与离析现象,需要运用罐车进行再次拌合,保证其使用时达标。

6. 混凝土的灌注

(1) 灌注混凝土之前,需要对模板内和输送泵管路彻底清理。

(2) 采用分支管并设变换阀应对混凝土流动中产生离析现象,用2~3个检查窗进行灌注;混凝土下落高度<1.5m以避免混凝土下落产生离析形成蜂窝。

(3) 混凝土灌注速度要慢于模板设计时预定速度。

(4) 经排水孔将泌浆水排除。

(5) 拱顶部分的灌浆采用向上灌注方式。

(6) 为了确实地充填拱顶部分,可以研究采用难以离析、自充填性好的高流动性混凝土。

(7) 向上灌注口与已灌注好的混凝土侧0.75m为宜。

(8) 为了防止临时事故中断混凝土的灌注,每模必须采取备用电源、备用混凝土拌合机等措施。

7. 混凝土的振捣

附着式振捣器和人工插入式振捣棒能增加混凝土均匀性。在起拱线以下、起拱线、起拱线以上留出振捣窗口,混凝土施工时捣固人员在窗口用插入式振捣器捣固,以确定其振捣工作达标。

振捣器在应用时需关注以下几点:

(1) 垂直插入内部振捣器,留有小于50cm空间。

(2) 保证混凝土在振捣器作用下得以充分振捣,当混凝土和面板的接触面出现水泥浆线,表面不再有气泡时为标准。

(3) 根据一次捣固混凝土容量确定振捣器的形状、大小和数量。

(4) 捣固作业时保证防水板避免其出现损伤。

8. 脱模养护

(1) 拆模时间

分两种情况:第一种,混凝土强度大于设计强度80%时模板可拆除;第二种,承载围岩压力很大时，模板拆除时间必须选在混凝土强度达到设计强度100%后。

（2）养护方法

采用高压水冲洗湿润的办法对隧道衬砌进行10天的养护；混凝土低龄状态下，必须增设防风板。

混凝土低龄状态下，必须增设防风板。

9. 拱顶回填压浆

浇筑隧道拱顶混凝土过程中，预留回填压浆管，每个浆管间隔3m。二衬环节完成后，待混凝土强度达到设计强度时采用压浆泵对拱顶压注水泥浆，拱顶密实度需达标。

10. 施工要点

（1）衬砌台车就位需要进行测量控制，灌注混凝土前进行复核。避免台车晃动，需要对台车下部支垫稳固，上部及两侧面用短杆支撑牢固。

（2）保证模板缝成直线和模板质量，必须进行测量控制。

（3）混凝土生产和输送能力匹配混凝土输送泵的灌注能力，混凝土自出料到振捣完毕时间必须少于初凝时间。

（4）超前灌注两侧边墙墙基混凝土，并沿隧道方向预埋地脚螺栓，相邻螺栓间隔150cm。为了能牢稳固定钢模板的最低边缘，需要螺栓与模板最下边缘孔对正。采用加设横撑，避免地脚螺栓位置偏移[26]。

（5）保证灌注混凝土时的对称性和连续性。台车两侧混凝土表面高差≤50cm，配备配用发电机确保混凝土浇筑能连续进行。

（6）选择钢管压注法操作隧道衬砌封顶，为了保证充分填实隧道混凝土，需要选择合适的混凝土坍落度。

（7）每循环衬砌前，及时清理对上一组衬砌接缝处的混凝土彻底清理，同时，刷一层水泥浆以确保新旧混凝土较好的结合。

（8）坚持一次性灌注成功的原则，遭遇意外事故，如停电时，必须保证灌注面整平度和振捣效果。停工2h以上，要等24h后才能继续灌注。

（9）对拱部进行封顶时，避免出现空隙，必须填满捣实。

（10）采用洒水方式进行养护。拆模时间需要按照上述要求进行，拆模时保证混凝土不出现任何损坏。

8.7 仰拱及填充

隧道采用仰拱先行于衬砌。围岩软弱不稳定时，仰拱距开挖的距离≤40m。仰拱、填充在浇筑时需分离进行。仰拱和底板混凝土强度达到设计强度100%的条件下才允许人员、车辆通行。

仰拱必须与混凝土的浇筑同时进行，为了保证其质量，通过插入式振捣器的使用来增固。仰拱两边留下适当的钢筋接头，方便连接拱墙与衬砌。浇筑混凝土之前，先处理掉仰拱上的残积物[27-29]。

图8-14、图8-15为仰拱施工工艺及防干扰栈桥施工。

8 小河沟隧道施工工艺

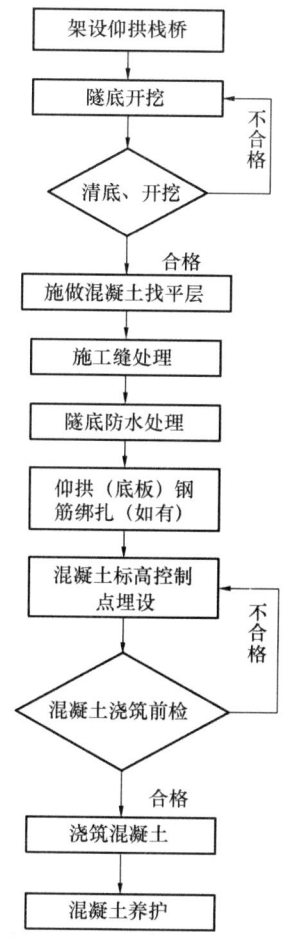

图 8-14 仰拱施工工艺流程图

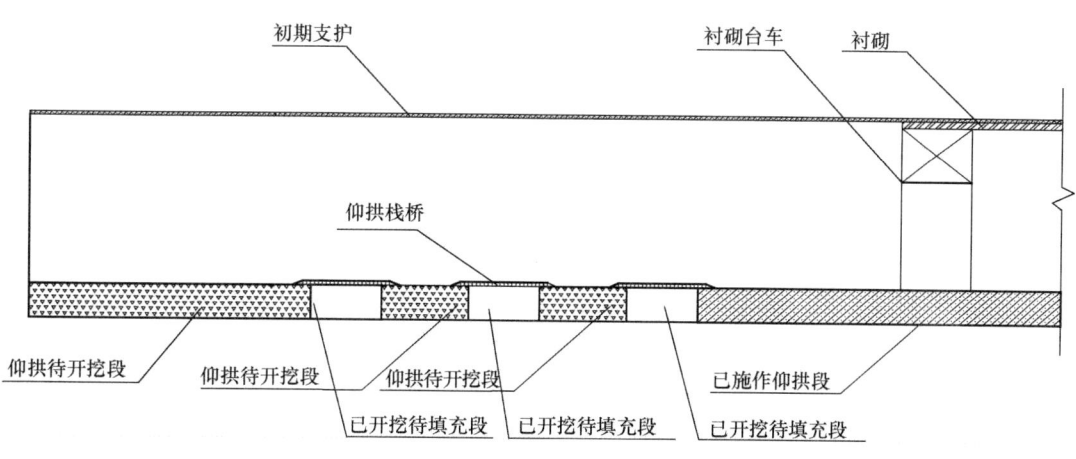

图 8-15 移动式仰拱施工栈桥示意图

8.8 防排水施工

小河沟隧道洞里设置两侧排水沟，洞口 500m 距离处增设保温材料，出口摆放检查井连接洞内水沟和洞外保温暗管。

1. 透水盲管施工

为减小衬砌背后水压力，及时将围岩少量渗水排出洞外，拱墙环向、墙脚纵向设盲管。纵、环向盲沟及泄水孔均与隧道侧沟贯通，方便将地下水引入洞内侧沟。

环向盲沟通过 $\phi50$HDPE 单壁打孔波纹管，水管加工下料时应考虑接头预留长度，保证环向盲管端能与纵向 $\phi80$HDPE 双壁打孔波纹管搭接；盲管与喷射混凝土表面紧密接触，但不宜过紧，留出适当空间；为避免防水板被外露锚钉刺破，需要将外露锚钉切除或以砂浆抹平；通过变径三通接头将纵、环向盲沟、泄水管连接牢固；工程进行时要将水管接头处理工作处理完善，以免杂物进入管道。

2. 防水层施工

在隧道拱墙初期支护与二次衬砌之间铺设厚度 $\geqslant$1.5mm 的 EVA 防水板以及规格为 $350g/m^2$ 的无纺布，这两种材料需要搭配使用。

（1）施工工艺

为确保防水层施工质量，防水板施工采用无射钉铺设法施工，其施工工艺流程如图 8-17 所示。

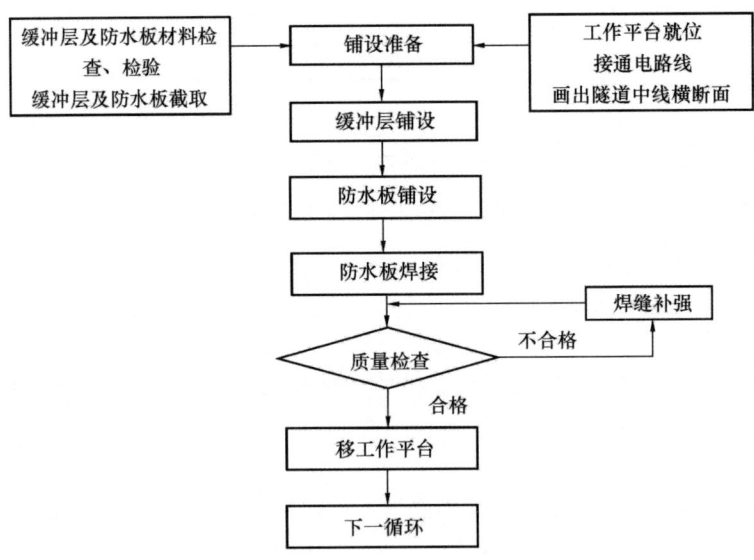

图 8-16　防水板的施工工艺流程

（2）施工方法

① 铺设准备

一般防水板材料需要使用高分子材料，防水板宽度 2～4m，厚度 $\geqslant$1.5mm，具有良好的耐刺穿性、柔性、耐久性。铺设前需要在洞外检查、检验缓冲层材料及防水板质量。在焊接线处通过特种铅笔描上拱顶中线,根据循环长度来裁剪,对称卷起来使用;洞内的铺设底面画上拱顶中线,并且标上隧道中线第一环和垂直隧道中线的横断面线。

图 8-17 防水膜铺设

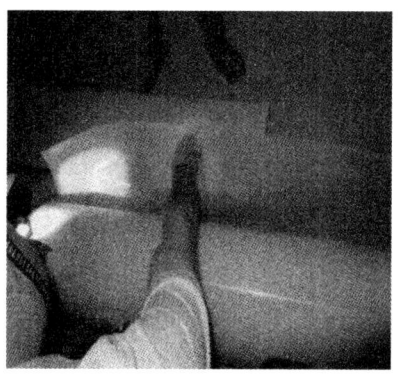
图 8-18 防水膜

② 缓冲层铺设

根据设计需要选择缓冲层材料,然后固定材料选用射钉。固定点间距因位置差异存在不同,拱部位一般 0.5~0.8m,边墙在 0.8~1.0m,最下面位置为 1~1.5m,所有固定点成梅花状分布。凹凸较大的基面上,为了能够和混凝土表面紧紧融合,需要增设固定点于断面的部位。

③ 防水板铺设

防水板的铺设先于二次衬砌,为了避免机械破坏甚至电火花灼伤防水板,需要当场增设隔板。并且,其需要和开挖面留有足够的空间保证合理稳定。

铺设防水板时采取环向铺设,从拱部向两侧边墙方向展铺。同时板下部必须覆盖住上部,预留空间合理,以确保其全部面积必须都触及围岩。

分开进行铺设的卷材,其端点位置搭接剩下距离≥50cm,并有效保护保留位置端点处。

旁边洞室周围的防水板与边墙防水板焊接成一个整体。其塑料状的搭接状态一般采用 T 形搭接。防水板的搭接宽度大小>150mm。

④ 防水板固定

分离式防水板施作时,首先人工使用热等焊枪和热合器融化防水板,融化后与塑料垫圈紧密粘结。无钉铺设其施工见图 8-19。

⑤ 防水板焊接

a. 对焊接处的接缝必须保持清洁光滑。

b. 一般解决精细问题时通过手持焊枪来解决,并且用具备功能较为全面的自动爬行式双焊缝热合机热熔焊防水板之间的搭接缝也是一种方法。

c. 工作开始前,需要进行试焊,以确保能把控焊接的注意事项。

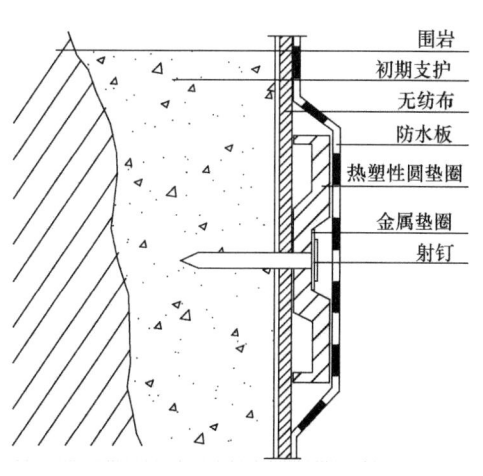
图 8-19 防水板铺设图

d. 单条焊缝的有效焊接宽度≥15mm。

e. 尽量不要重合搭接位置，禁止大于3层的焊缝重合。将其通过刀子变缓，方可进行焊缝搭接，防止造成错台。

f. 漏焊、假焊、烤焦、焊穿等现象不应出现在焊接过程中。一旦出现应予以补焊，且用塑料片覆盖焊接[30]。

图8-20为防水板搭接示意图。

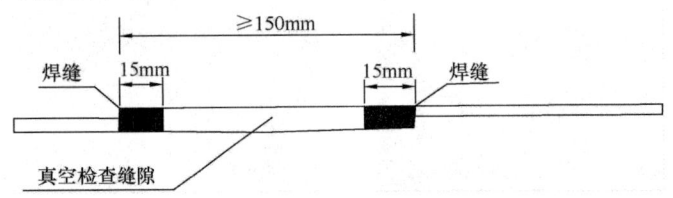

图8-20 防水板搭接示意图

⑥ 质量检查

a. 目测及尺量检查

测试其是否烤焦、焊穿、假焊和漏焊；测量焊缝宽度，检验是否符合设计规定。

b. 充气检查

检查具体步骤：使5号注射针相连于压力表，把气压进去，倘若压力达到0.25MPa时不再往里压气，保持15min。等待压力减少，当其值小于10%时，证实焊缝达标；如其减少太快，将肥皂水用在焊缝处，再次将气泡处补号。

⑦ 防水板的保护

a. 任何材料、用具应该合理安置。钉鞋少行使于防水层。

b. 为了避免焊接时焊花损坏到防水板，需要增设一定隔断措施保护防水板，同时，现场必须配备一定数量的灭火设备。

c. 通过对钢筋混凝土衬砌的应用，为了防止其损坏，需要将钢筋端部保持特殊维持。

d. 钢筋绑扎，模板组装，衬砌台车等各环节开始时，使用土工布包裹钢筋保护层垫块，防止出现事故。

e. 二次衬砌混凝土进行浇灌处理时，振捣棒应对其远离。专人负责观察、修补浇筑过程及损伤。并且防止混凝土直接冲击防水板，必须将混凝土输送泵出口安放防护板。

f. 进行二次衬砌时掩埋的钢管材料和防水板之间的距离应≥5cm。

3. 结构防水

(1) 水平施工缝

对混凝土进行浇筑，待到初凝之和终凝之间，就会在基面出现一条光滑的槽形沟。对磨具进行拆除，就要开凿施工的缝隙，需要对其表面进行光滑度处理，选用钢丝刷除污，并在其表面涂上水泥浆体，其厚度达到2～5mm，等到水泥的水分蒸发完，需要选取合适的粘结剂或者固定磨具重新加固止水条，随后方可进行下一轮的混凝土浇筑。

(2) 环、竖向施工缝

环向和垂直方向加固木条或者其他的金属物，对混凝土进行浇筑，最终形成凹形的槽沟。槽水沟的高度是止水带高度的1/2，但是他们两个的宽度大小一样，对预留槽清理完毕后方可做下一循环混凝土灌注[31]。把止水条粘贴在槽水沟中,对模板车进行定位,方可进行下一轮的混凝土浇灌[32]。图 8-21 为止水条施工方法。

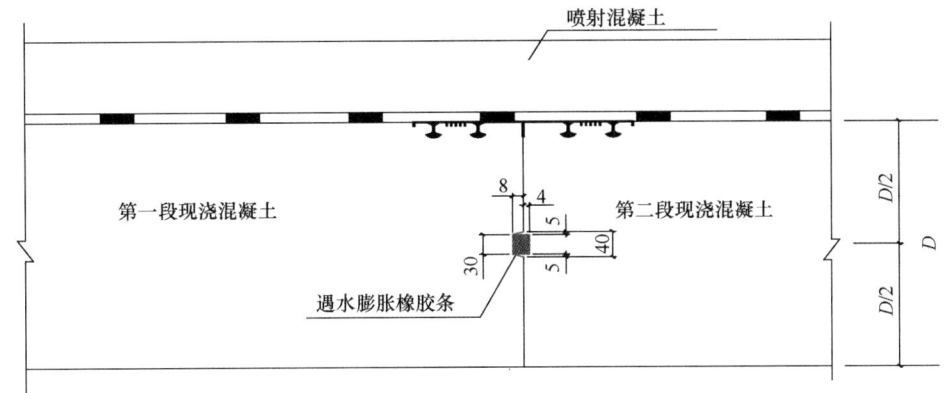

图 8-21 止水条施工方法示意图

(3) 中埋式止水带

在衬砌的方向上,每隔 0.5~1.0m 的距离打射直径为 12mm 的钢筋孔,并把钢筋卡在挡头板上,对其进行内外侧卡住,各设置止水带,止水带的另一侧设定在挡头板上,直到混凝土完全凝固之后,方可以去掉挡头板,并让止水带保持水平状态,这样钢筋就能跟止水带进行很好的连接。

施工注意事项:

① 在对止水带位置的确定时,要必须严谨可靠,使圆心与变形缝的位置一致。

② 在挡头模板上加固中式止水带,首先安装一端,在进行混凝土的浇筑过程中,对另一端的设定采取箱型模板,在进行加固的过程中,必须要在止水带的可许带进行打孔,但是必须要保证止水带的安全性。

③ 在进行止水带的加固时,要避免出现止水带偏移的现象,会降低止水效果。

④ 橡胶止水带粘结时必须要保证粘结的严密性,不能采取任意的搭接方式。

⑤ 对止水带进行粘结,首先需要将其表面处理光滑。接头的位置一般都在应力比较弱小的地方,热硫化法是最常用的粘结的方式,搭接长度>10cm,焊缝宽度>5cm,冷接法也常被采用,该法必须使用特有的粘结剂,同时在进行搭接的时候,搭接距离>20cm。

⑥ 要在保证不出现积水的位置设定止水带接头,往往设置在拱线处。

⑦ 浇筑捣实止水带附近混凝土时,必须要保持好浇捣的力度,力量要始终,不仅要满足浇捣的充分性致使混凝土能够与止水带紧密相连还必须要保证止水带的安全性,如果施工过程中出现破损现象要及时采取相应措施进行弥补。

⑧ 把衬砌表面的模拆除之后,对其进行详细的盘查,如果有滑膜或跑模现象出现,最终造成止水带远离中心区域,这就需要去除或填充一些混凝土,来纠正止水带的偏离现象。

参考文献

[1] 隧道与地下工程技术及其发展[M]. 北京交通大学出版社,2004.

[2] 和永诚, 张艳. 特长隧道洞内平面施工控制测量技术探讨[J]. 建筑知识: 学术刊, 2012 (12): 313-314.

[3] 王庆. 成都地铁盾构施工对周边环境的影响研究[D]. 西南交通大学, 2009.

[4] 王善高, 于洪亮. 非接触量测在大断面黄土隧道施工中的应用[J]. 现代交通技术, 2009, 04: 65-67.

[5] 朱正菊, 孟德浪. 综述涵洞施工放样在公路工程中的应用[J]. 思想政治, 2011.

[6] 徐辉. 长大隧道控制测量方法综述[J]. 隧道建设, 2008, 28(5): 589-596.

[7] 马祥华. 分毫必争, 测回法测量水平角[J]. 职教新航线, 2013 (12): 22-23.

[8] 钱刚, 张力. 黄土隧道施工工艺及质量控制要点[J]. 城市道桥与防洪, 2010, 10: 132-139+209.

[9] 张浩亮. 黄土隧道开挖对洞口边仰坡稳定性的影响研究[D]. 兰州理工大学, 2013.

[10] 王勇. 软弱围岩大跨隧道施工技术的思考[J]. 隧道建设, 2004, 24(2): 47-49.

[11] 王俊和. 客运专线铁路大断面黄土隧道开挖施工技术[J]. 西部探矿工程 2007, 07: 141-143+148.

[12] 顾金才, 陈安敏. 岩体加固技术研究之展望[J]. 隧道建设, 2004, 24(1): 1-2.

[13] 余元全. 黄土连拱隧道台阶法开挖关键技术研究[D]. 重庆交通大学, 2012.

[14] 石钰锋. 浅覆软弱围岩隧道超前预支护作用机理及工程应用研究[D]. 中南大学, 2014.

[15] 王伟. 浅埋大断面黄土隧道下穿高速公路的地表沉降控制研究[D]. 北京交通大学, 2007.

[16] 徐龙. 压力注浆在高架桥引道路基加固中的应用[J]. 甘肃科技, 2013, 29(24): 120-121.

[17] 黄戡. 裂隙岩体中隧道注浆加固理论研究及工程应用[D]. 中南大学, 2011.

[18] 刘振华. 顶管施工中富水砂卵石地层顶管机进出洞技术[J]. 西部探矿工程, 2006, 18(6): 185-186.

[19] 赵太东. 厦门翔安海底隧道过风化深槽施工[J]. 隧道建设, 2008, 28(1): 66-69.

[20] 杨晓华, 俞永华. 水泥-水玻璃双液注浆在黄土隧道施工中的应用[J]. 中国公路学报, 2004, 02: 69-73.

[21] 左建江, 王伟建. 湛江湾跨海盾构隧道工程施工技术[J]. 人民珠江, 2013, 34(5): 43-46.

[22] 白峰青, 卢兰萍, 缑书宝等. 德盛煤矿特大突水治理技术[J]. 煤炭学报, 2007, 32(7): 741-743.

[23] 高峰, 胡蓉, 谭绪凯. 隧道注浆加固模型试验研究[J]. 重庆交通大学学报(自然科学版), 2014, 04: 44-46+116.

[24] 沈永芳, 黄醒春. 沉管隧道注浆效果监测与评价的试验研究[J]. 地下空间与工程学报, 2013, 04: 758-764.

[25] 郎兆新, 张丽华. 水平井与直井联合开采问题——五点法面积井网[J]. 石油大学学报: 自然科学版, 1993, 17(6): 50-55.

[26] 杨建东. 斜柱斜顶面斜地脚螺栓基础施工技术[J]. 工业建筑, 2013, 43(10): 112-116.

[27] 时亚昕. 隧道仰拱快速施工技术的现场试验研究[D]. 西南交通大学, 2004.

[28] 吴明友. 铁路隧道仰拱设计施工关键技术分析[J]. 铁道标准设计, 2010, 12: 75-78.

[29] 李宗顺. 隧道仰拱全断面施工工艺[J]. 石家庄铁道大学学报(自然科学版), 2014, S1: 117-120.

[30] 罗建军. 隧道防水防渗漏方法及技术研究[J]. 湘潭师范学院学报(自然科学版), 2007, 02: 59-63.

[31] 翁可儿, 傅德明. 上海延安东路隧道防水施工技术[J]. 施工技术(建筑技术通讯), 1991, 01: 20-21.

[32] 向阳开, 马良. 隧道防水混凝土性能的模糊综合评价[J]. 重庆交通大学学报: 自然科学版, 2008, 27(4): 544-547.

9 小河沟隧道地基处理

9.1 隧道地基处理的原则

（1）隧道基底开挖高程应符合设计要求，每一开挖循环应使用水准仪检测基底 4～6 点。并用激光自动断面仪测量周边轮廓，绘断面图同设计断面核对。

（2）基底承载力应符合设计要求，石质基底采用现场目测鉴别方法。

（3）基底应无损伤，边墙底和基底顺接应顺畅。

（4）基底底面无虚碴、积水及杂物。

（5）采用地质雷达检测仰拱混凝土，发现空洞及时采取基底注浆措施进行回填。

按照地基条件的不同，选用适当的处理办法，岩石地基常用处理方法有褥垫法、灌浆法，砂土地基则有振动法、振冲法。目前，黄土隧道较常用的地基处理办法有换填垫层法、强夯法、挤密桩法、堆载预压法等，当前应用最广泛的是挤密桩法、碎石桩和 CFG 桩等方法[1-4]。与混凝土桩相比复合基地处理方法的优点是工程适用性较强，且性价比高。所以，在广泛分析各个加固措施的优缺点的基础上，该工程段选用水泥挤密桩的方法加固地基。

9.2 洞口斜切段地基处理

洞口斜切段

图 9-1 和表 9-1 主要讲述了小河沟隧道出口段以及高桥隧道进口段的地基处理办法。仰拱底部承受均布竖向荷载，可选用三七灰土法进行换填，然后采用桩径为 Φ50 的水泥土挤密桩进行加固，水泥土挤密桩从换填土基底至加固区底部老黄土内 2.0m[5-8]，桩间距在仰拱

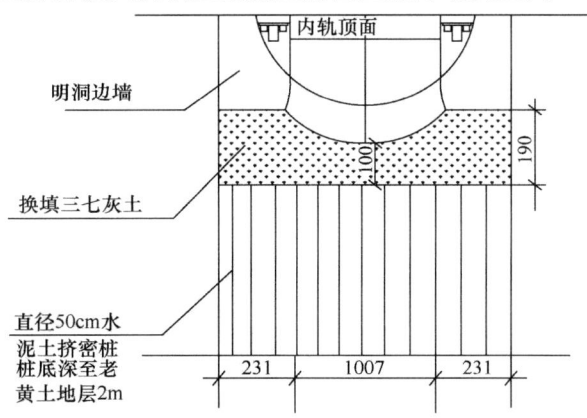

图 9-1 洞口斜切段地基处理方案

处为 1.2m×1.2m，处理宽度为 10.07m，在边墙处为 1m×1m，处理宽度为 2.31m。

表 9.1 洞口斜切段地基处理方案

挤密桩（梅花型布置）	@1m×1m	@1.2m×1.2m	@1m×1m
处理宽度	2.31m	10.07	2.31m

9.3 洞口明挖段地基处理

洞口斜切段

图 9-2 和表 9-2 为小河沟隧道出口段、秦东隧道入口处以及高桥隧道进口位置的基地加固措施，使用三七灰土换填仰拱部位的黄土，仰拱下方打入水泥土挤密桩，水泥土挤密桩应穿过换填土层，并保证插入底层老黄土内 2.0m[9-10]。布置桩时采用梅花型方案，桩身直径为 Φ50，边墙桩间距 1m×1m，处理宽度 10.14m，曲仰拱桩间距为 1.2m×1.2m，左侧处理宽度为 2.78m，右侧处理宽度为 3.08m。

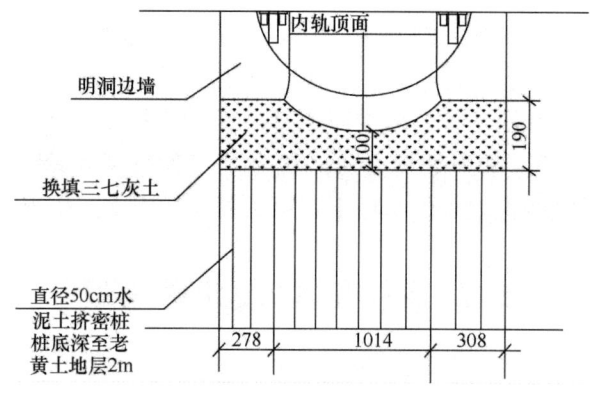

图 9-2 洞口明挖段地基处理方案

表 9-2 洞口明挖段地基处理方案

挤密桩（梅花型布置）	@1m×1m	@1.2m×1.2m	@1m×1m
处理宽度	2.78m	10.14m	3.08m

9.4 洞身暗挖段地基处理

洞身暗挖段

图 9-3 和表 9-3 为小河沟隧道出口，秦东隧道进出口暗挖段和高桥隧道进出口暗挖段的地基处理方案，都是采用水泥挤密桩的方法进行加固，且加固深度为 2m。设计方案中，桩的直径为 Φ50，中心梅花桩布置为 1.2m×1.2m，处理宽度为 4.0m；由于仰拱两边的及地应力较大，桩间距为 1m×1m，处理宽度为 4.0m。

9 小河沟隧道地基处理

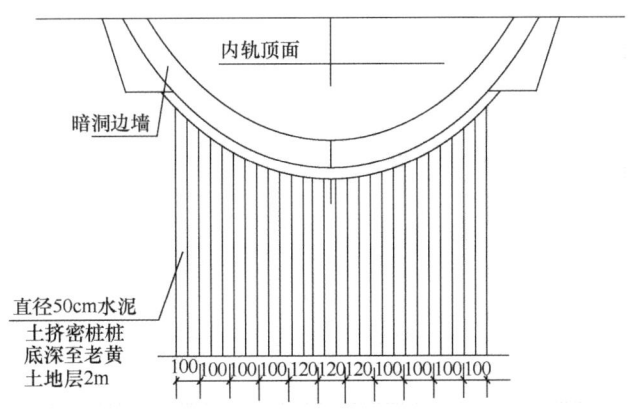

图 9-3　洞身暗挖段地基处理方案

表 9-3　洞身暗挖段地基处理方案

挤密桩（梅花型布置）	@1m×1m	@1.2m×1.2m	@1m×1m
处理宽度	约 4.0m	约 4.10m	约 4.0m

9.5　桥隧相连段地基处理

桥隧相连段

图 9-4 和表 9-4 讲述了秦东隧道和高桥隧道进出口相连处的加固措施。为提升隧道出口与桥台的刚度协调性，隧道中仰拱的施工选用 C25 钢筋混凝土作为托板，地基采用挤密桩法进行加固，挤入深度为 2m[11]。中心梅花桩桩间距为 1.2m×1.2m，处理宽度为 10.14m，两侧桩间距相同，都为 1.0m×1.0m，处理宽度存在差异，一侧为 2.78m，另一侧为 3.08m。

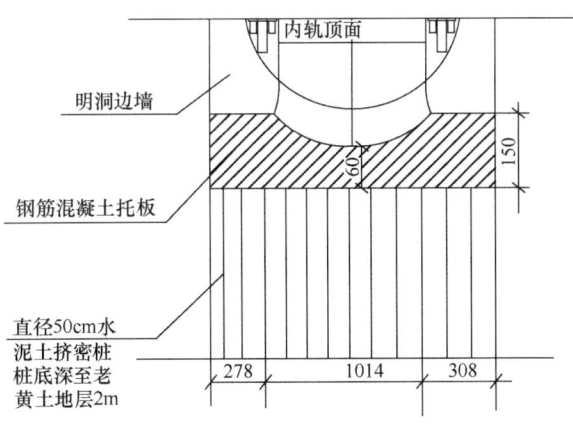

图 9-4　桥隧相连段地基处理方案

表 9-4　桥隧相连段地基处理方案

挤密桩（梅花型布置）	@1m×1m	@1.2m×1.2m	@1m×1m
处理宽度	2.78m	10.14m	3.08m

9.6 防塌方技术措施

1. 易发生坍塌地段

(1) 埋深较浅、围岩风化严重、极易发生坍塌；(2) 断层影响带和破碎带；(3) 岩层接触带，岩性中带有小构造；(4) 高地应力地段，围岩发生变形，支护不当易引发坍塌；(5) 高水位富水区段[12]。

2. 控制原则

坚持"先柔后刚、先放后抗、变形留足、底部加强"的控制原则[13]。

(1) 借助衬砌结构，增加围岩稳定性，并使其承担一定量的荷载；(2) 增加锚杆长度，借助锚杆将荷载传至基岩深部；(3) 提升初期支护的塑性变形能力，以便抵消部分变形能量；(4) 增加钢筋数量以此应对大变形，对二衬进行加强；(5) 加强隧道底部结构[14]。

3. 具体措施

(1) 根据设计方案中的方法及支护参数施工；(2) 根据实际变形量，选取适当程度的预留变形；(3) 选用钢架支护，形成缩式的支护方案；(4) 洞身锚杆加长，并加密，增加托板大小；(5) 提升掌子面的注浆衬砌，避免出现外鼓现象；(6) 部分地段以加长注浆管的方式，注浆加固；(7) 加强二衬配筋[15]。

参考文献

[1] 喻渝，马建林，方钱宝，杨建民. 郑西客专黄土隧道地基湿陷性消除技术试验研究[J]. 高速铁路技术，2010，01：16-21.

[2] 郭军，王明年，李宁，罗禄森. 大断面黄土隧道地基处理的沉降计算分析与讨论[J]. 铁道建筑，2007，04：81-83.

[3] 刘宝许，乔兰，李长洪. 基于动态围岩分类的高速公路隧道围岩稳定性评价方法[J]. 北京科技大学学报，2005，27(2)：146-149.

[4] 朱合华，丁文其. 地下结构施工过程的动态仿真模拟分析[J]. 岩石力学与工程学报，1999，18(5)：558.

[5] 张勇，张子新华安增高速公路隧道的围岩变形特性中南公路工程[J]. 2001，26(3)：12.

[6] 贺少辉等. 地下工程[M]. 北京：北京交通大学出版社，2006.

[7] 关宝树. 隧道力学概论[M]. 成都：西南交通大学，1993.

[8] 徐干成，白洪才，郑颖人，等. 地下工程支护结构[M]. 北京：中国水利水电出版社，2002

[9] 许榕. 超浅埋隧道暗挖法施工地面沉降分析[D]. 安徽建筑工业学院，2012.

[10] 张守静. 隧道暗挖法配套施工装备工作装置控制系统研究[D]. 石家庄铁道大学，2014.

[11] 尚继红，马骁骐，裴学勇. 冲击挤密桩法及其应用[J]. 甘肃科技，2008，24(8)：129-131.

[12] 陈聪. 山岭隧道施工防塌技术[J]. 交通世界，2014 (3)：204-205.

[13] 伍振志，王剑军. 浅埋软弱围岩双连拱隧道合理复合衬砌研究[J]. 公路交通科技，2007，24(2)：94-98.

[14] 余伟健,王卫军,黄文忠等.高应力软岩巷道变形与破坏机制及返修控制技术[J].煤炭学报,2014,39(04):614-623.

[15] 李云,韩立军,孙昌兴等.大松动圈破碎围岩二次注浆加固试验研究[J].煤炭科学技术,2012,40(12):19-23.

10 小河沟防排水技术

10.1 防治水的必要性

隧道防水工程的合格与否关系着整个工程建设的安全和长期运营，是隧道建设中的主要工程之一。特别在膨胀性黄土隧道工程中，防排水施工尤为重要，之前我们已经叙诉过膨胀性黄土的主要成分是蒙脱石或高塑性黄土，他们都是极易遇水并结合的亲水性土质，再遇水前后其胀缩比例相差很大，对正在建设或是已经建设好的隧道存在很大的安全危害；并且水的侵蚀性能破坏隧道结构和加速材料损坏的速率，对隧道的稳定性产生巨大的安全隐患，因此对到防水不容忽视[1]。

实际工程案例表明，新奥法隧道施工的主要危害来源于地下水，具体表现为以下几点：

(1) 地下水通过水化作用，在很大程度上减小了围岩的物力力学性能，如减小了摩擦角、粘聚力等，进而增加了支护结构所承受的荷载。但是当支护结构的荷载超过了其承载力时，支护结构便会出现不同程度的破坏，其中洞口和浅埋段是该问题出现频率最高的地方。

(2) 如果地下水中携带了腐蚀性离子，则在其流动过程中，极易损坏支护结构，降低支护结构的稳定性，更甚者使支护结构丧失使用功能。

(3) 在地下水流动过程中，水流作用力极易携带微粒，造成地下结构的"掏空"现象。这一现象主要发生于地下水及水压较高的地带。

(4) 水压过高的情况，会在施工缝、变形缝等部位出现涌水现象，严重情况下会影响隧道的施工及运营。所以，在施工过程中怎样处理渗水问题，是隧道施工过程中的施工重点。

(5) 膨胀土遇水膨胀，极易造成围岩变形，加大了支护难度，增加隧道的不稳定性。

10.2 防治水系统设计方案

工作面积水常采用抽水泵或排水沟的办法将施工面的积水排至泵站水池。采用逐级排水的方式，各级泵站将积水排至上一级泵站，一直排至洞外。排水沟采用水泥砂浆抹面，避免水体下渗[2]。

隧道防水标准的技术措施：

(1) 坚持"防、排、截、堵"的原则施工，提升隧道衬砌结构的防渗效果[3]。

(2) 二衬施工前，采用地质雷达检测初期支护的密实度，不密实时，应再进行注浆加固。暗洞后方，拱墙处，应当采用柔性防水材料进行加固。隧道施工缝采用橡胶止水带加外贴止水带的复合防水构造[4]。选用抗渗等级>P8的防水混凝土应对地下水较发育的施工段，其余段采用抗渗等级>P6的抗渗混凝土。

(3) 严格控制防水施工的施工质量，及时检查并解决工程问题[5]。

(4) 防水材料必须全部符合国家现行行业标准，同时满足工程设计要求，实际使用前，应当报请有关监理工程师检验，得到相应的批复后方可进行施工，且在施工过程中，应当边施工边检验。

(5) 防水施工过程中所用的防水混凝土，其成分组成和配比方法应当满足工程设计要求和技术标准，且应通过正规检验。

(6) 在施作下一步的防水工序时，应当对已经完工的部分进行加固。

(7) 现场焊接钢筋过程中，应当在接头与防水材料之间架设一个移动保护板，避免焊接火花烧坏防水层[6]。

(8) 衬砌施工完成后，应当再次检查防水施工效果，发现问题并及时解决，以保证发水层的施工质量。

10.3　防治水系统施工方法

小河沟隧道洞内设置双侧排水沟，洞口500m范围内加保温材料，出口设检查井连接洞内水沟和洞外保温暗管，保温水沟和保温暗管每隔30m设一处检查井，保温暗管采用端墙式保温出水口，设于线路左侧[7]。本标段隧道防排水工程选取合理的设计与施工方案，同时遵循"排堵结合、限量排放，防、排、截、堵结合"的施工原则，确保结构质量可靠、经济耐用[8]。

10.3.1　透水盲管施工

为减小衬砌背后水压力，及时将围岩少量渗水排出洞外，拱墙环向、墙脚纵向应设盲管，并直接与隧道侧沟连通，便于地下水引入洞内侧沟[9]。

(1) 环向盲沟选用ϕ50HDPE型号的纹管，水管加工下料时应考虑接头预留长度，保证环向盲管端能与ϕ80HDPE管搭接[10]。

(2) 盲管与喷射混凝土表面紧密接触，并保证其松弛度，不宜张拉过紧。

(3) 在盲管两侧用射钉枪打入钢钉，钢钉上系细铁线固定波纹管。固定盲管外露锚钉应该切除或用砂浆覆盖，避免破坏防水板。

(4) 隧道拱墙防水层与初期支护间环向设ϕ50mm透水盲管，墙脚纵向设ϕ110mm透水盲管，墙脚纵向、拱墙环向盲管与墙脚泄水孔采用三通管连接。

(5) 施工时，用5cm的锚固钉及PE板窄条将软式透水管固定在支护面上，纵向、环向每隔50cm固定一处。

(6) 水管接头处为避免杂物进入，需要做好处理工作[11]。

10.3.2　防水层施工

按照设计图纸要求，在隧道拱墙初期支护与二次衬砌之间铺设EVA防水材料（厚≥1.5mm）和背部无纺布（>350g/m^2）[12]。

1. 施工工艺

选用先进的无射钉铺设法铺设防水板保证防水层的施工质量[13]，其工艺流程如图10-1所示。

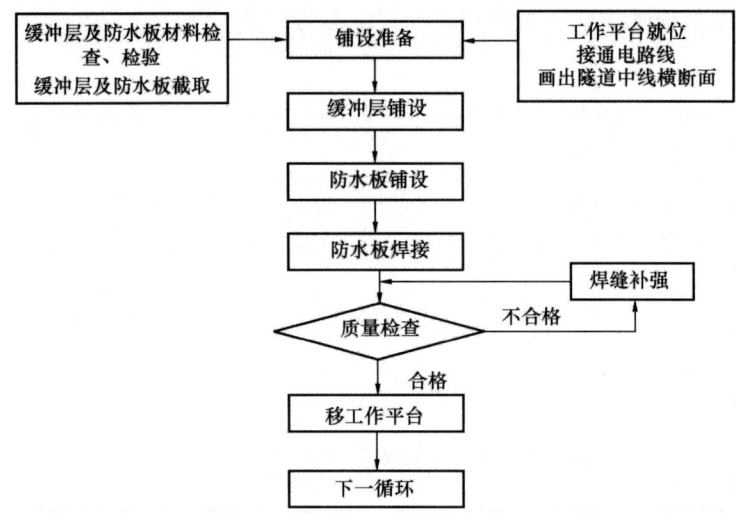

图 10-1　防水板的施工工艺流程

2. 施工方法

（1）铺设准备

防水板宜选用高分子材料，其材料标准应符合防水板技术条件。幅宽一般在2～4m范围内，厚度≥1.5mm，具有良好的耐刺穿性及耐久性，同时满足设计需要[14]。

（2）铺设缓冲层

分离式的防水板，需要先进行缓冲层铺设[15]。缓冲材料根据设计规定选取，固定材料一般为射钉。不同部位固定点间距不同，拱部位在0.5～0.8m之间，边墙在0.8～1.0m之间，底端在1～1.5m之间，排列呈梅花形。凹凸较大的基面上，为了确保它和混凝土表面的粘合性，需要在断面处增设固定点[16]。

（3）铺设防水板

防水板铺设早于二次衬砌，为防止其被机械和焊接火花损伤，应加设临时挡板[17]。防水板的铺设应按照由拱部向两侧展铺，下部盖住上部松紧结合的原则进行。卷材的搭接长度应≥50cm，并有效保护预留及边缘部分的卷材。

附属洞所铺设的防水材料，需要根据其实际情况进行加工制作，并于边墙防水材料焊接成一个整体，其搭接形式一般采用T形接头，且搭接宽度应保持在150mm以上[18]。

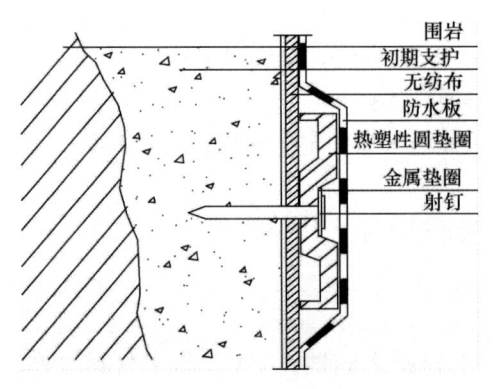

图 10-2　防水板铺设图

（4）防水板固定

分离式防水板首先借助热风焊枪或热合器将其融化，然后与塑料垫圈紧密粘结，如图10-2所示。

（5）防水板焊接

① 防水板焊接前,确保焊缝的清洁,焊缝接头平整,不存在气泡、空隙等现象。
② 选用双焊缝、调温等功能的焊接方法焊接防水板之间的搭接缝,使用焊枪处理焊缝细部环节。
③ 正式施焊前应该进行试焊,以此掌握焊缝的施焊温度和速度。
④ 单个焊缝的有效宽度≥15mm。
⑤ 尽量不要重合搭接位置,禁止大于3层的焊缝重合。将其通过刀子变缓,方可进行焊缝搭接,防止造成错台。
⑥ 特殊情况下,防水板的搭接缝,选取同类材料防水板材进行覆盖热焊接。
⑦ 焊缝没有烤焦、漏焊、外露的固定点等问题。若有应予以补焊。其搭接施工方法如图10-3所示。

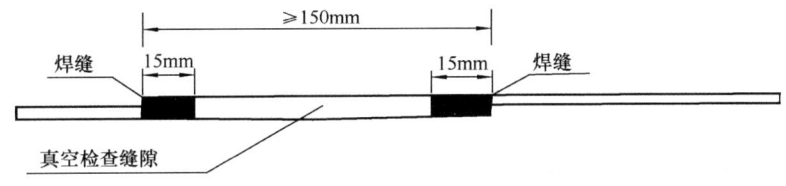

图 10-3 防水板搭接示意图

(6) 质量检查
① 目测及尺量检查
核查防水板焊接过程中是否出现焊穿、漏焊、烤焦等现象,并用卷尺测量其宽度;检验是否符合设计规定;焊缝的平整度、光滑度以及连续、均匀情况。
② 充气检查
采用随机抽样的方法进行抽样检查,环向裂缝每环抽样1个,纵向裂缝每段抽样2条。检查具体步骤:把5号注射针连接在压力表上,对其充气,当气压达到0.25MPa时暂停充气,并维持15min。在等压状态下降低压强,当气压稳定在10%以内时,表明焊缝合格;一旦压力下降速度过快,应在焊缝表面涂肥皂水,并进行重新焊接,直到不漏气[19]。

(7) 防水板的保护
① 严禁穿着带有钉子的鞋在施工面上走动,增加对现场施工人员的防水膜保护教育和宣传[20]。
② 焊接钢筋时,加设一层临时覆盖层,避免焊接火花损坏防水层[21]。
③ 防水板极易被挡头板支撑物刺穿,应加设橡皮垫层以避免该现象的发生。
④ 在钢筋混凝土施工过程中,应对钢筋头部采取保护措施,避免钢筋头部刺穿防水板。
⑤ 施做二衬混凝土灌注和振捣过程中,使振捣棒与防水层保证一定的安全距离。专人负责观察、修补浇筑过程及损伤。
⑥ 二衬中的所有管材与防水板之间的距离保持5cm以上,以免破坏防水板。

10.3.3 结构防水施工

1. 水平施工缝

混凝土初凝后、终凝前,在混凝土基面压出一条与止水槽规格一致的光滑槽面。拆除混凝土模板后，清理施工缝并涂 2～5mm 厚的水泥浆，待水泥浆干燥后选用适当的粘结剂固定止水条，然后继续下一循环混凝土灌注[22]。

2. 环、竖向施工缝

在端头模板中间固定木条或金属构件，使得混凝土浇筑后成一个凹槽。其深度是止水槽的 1/2，宽度与止水槽相同。对预留槽清理完毕，粘贴完止水槽，且模板车定位后，进行下一个工序的施工[23]。止水槽的施工方法如图 10-4 所示。

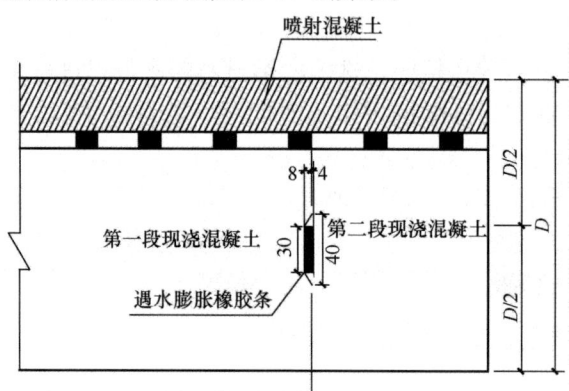

图 10-4　止水条施工方法示意图

3. 中埋式止水带

在端头模板沿衬砌环线处打 φ12mm 的钢筋孔，孔间距在 0.5～1.0m 之间，钢筋卡穿过挡头板，内外卡至止水带的 1/2，另一部分平靠于挡头板。混凝土凝固达到设计强度之前不可拆除模板。止水带施工方法如图 10-5 所示。

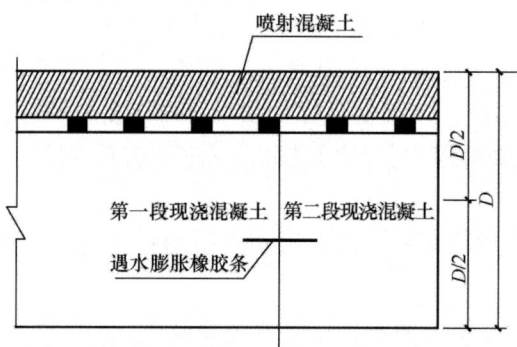

图 10-5　止水带施工方法示意图

参考文献

[1] 陈新建. 黄土隧道工程地质灾害主要类型及分析评价[D]. 长安大学，2004.
[2] 和永生. 浅议隧道防排水施工[J]. 建筑知识：学术刊，2011（10）：205-205.
[3] 蒋复量，戴兴国，高洪涛. 东秦岭隧道防水技术[J]. 施工技术，2004，33(3)：19-20.
[4] 李伟，杨其新，杨丹. 隧道衬砌施工缝和变形缝防水新方法的研究[J]. 铁道标准设计，2008，2：75-77.

[5] 曹建平,王荣劲,曹大明. 长大公路隧道施工过程质量控制检测体系的建立与实践[J]. 隧道建设,2008,28(1):97-101.
[6] 单银根,向东明. 综合布线系统弱电工程设计与施工技术[M]. 北京:电子工业出版社,2004.
[7] 贾元霞. 乌鞘岭特长隧道排水系统设计[J]. 隧道建设,2009,29(4):431-434.
[8] 阎瑛. 浅谈如何加强桥梁工程质量管理[J]. 山西建筑,2008,34(8):236-237.
[9] 陈建芹. 武广客运专线大瑶山一号隧道防排水施工技术[J]. 隧道建设,2009,29(4):459-465.
[10] 任利锋,郑华. 现浇预应力混凝土连续箱梁施工质量控制要点研究[J]. 甘肃科技,2014,30(9):97-98.
[11] 傅建生,张羽,彭志忠. 万家寨引黄联接段工程2~#减压阀室上下游PCCP管道的施工[J]. 山西水利科技,2005,2:07.
[12] 蔡选侠. 大跨度公路隧道施工技术[J]. 陕西煤炭,2008,1:87-89.
[13] 程传涛. 浅谈复合式衬砌防水施工技术[J]. 山西建筑,2008,34(16):339-340.
[14] 张永利. 关于地铁工程防水问题的探讨[J]. 隧道建设,2003,23(4):15-18.
[15] 韩光钦. 分区防水在娄山关隧道施工中的应用[J]. 隧道建设,2006,26(6).
[16] 黄新社. 隧道衬砌裂缝及渗漏水治理技术[J]. 隧道建设,2006,26(3):32-39.
[17] 曲兆旭. 岩石地带光伏钢制螺旋管桩基础的施工方法[J]. 中国建材科技,2015,2:046.
[18] 焊接工程组织管理与先进材料焊接[M]. 北京:国防工业出版社,2006.
[19] 陈建芹. 武广客运专线大瑶山一号隧道防排水施工技术[J]. 隧道建设,2009,29(4):459-465.
[20] 刘奕勋. 对建筑防水工程在实施中的几点思考[J]. 科学时代,2011(7):62-63.
[21] 董泽荣,潘金龙,姜颖. 混凝土结构工程施工禁忌手册[M]. 北京:机械工业出版社,2006.
[22] 地基与基础工程施工禁忌手册[M]. 北京:机械工业出版社,2006.
[23] 闫利国. 对地下室防水施工技术的分析[J]. 建筑知识:学术刊,2011(10):243-244.